ビリヤニ

とびきり美味しいスパイスご飯を作る！

・・・

水野仁輔 監修

INDEX

ビリヤニは、おいしい！ _ 004

ビリヤニ調理の基本 _ 006

チャレンジ！ビリヤニ　チキン・パッキ・ビリヤニ 初級編 _ 008

チャレンジ！ビリヤニ　チキン・カッチ・ビリヤニ 初級編 _ 014

チャレンジ！ビリヤニ　レトルト“インディカ”ビリヤニ 入門編 _ 018

おいしいビリヤニってなに _ 020

もし、うまく作れなかったら _ 022

ビリヤニとは？ _ 024

ビリヤニレシピ22 _ 025

●チキン・ダム・ビリヤニ（渡辺玲） 上級編 _ 026

●南インドのベジタブル・ビリヤニ（渡辺玲） 上級編 _ 032

●ハイデラバード風　チキン・カッチ・ビリヤニ（渡辺玲） 上級編 _ 038

●フィッシュ・ダム・ビリヤニ（渡辺玲） 上級編 _ 042

●エッグ・ビリヤニ（渡辺玲） 上級編 _ 046

●マトン・ヤクニ・ビリヤニ（渡辺玲） 上級編 _ 050

●南インドのボイル式　マトン・ビリヤニ（渡辺玲） 上級編 _ 054

Interview 渡辺玲さんに聞きました　ビリヤニの魅力ってなんですか？ _ 058

番外編 15人分のマトンビリヤニを作る（大澤孝将） 特級編 _ 060

Interview 大澤孝将さんに聞きました　ビリヤニの魅力ってなんですか？ _ 072

●ビーフカブサ（曽我部智史） 上級編 _ 074

●カオモックヌア（曽我部智史） 上級編 _ 078

●白ビリヤニ（曽我部智史） 上級編 _ 082

Interview 曽我部智史さんに聞きました　ビリヤニの魅力ってなんですか？ _ 086

Column 東京スパイス番長　インドでビリヤニ食べまくり _ 088

骨付き鶏もも肉のパッキ・ビリヤニ（水野仁輔） 中級編 _ 094
ラムチョップのパッキ・ビリヤニ（水野仁輔） 中級編 _ 098
アジのパッキ・ビリヤニ（水野仁輔） 中級編 _ 102
ラム肉のカッチ・ビリヤニ（水野仁輔） 中級編 _ 104
エビのボイル式ビリヤニ（水野仁輔） 初級編 _ 106
鶏手羽元のボイル式ビリヤニ（水野仁輔） 初級編 _ 108
チキン炒め式ビリヤニ（水野仁輔） 入門編 _ 110
チャナマサラのパッキ・ビリヤニ（水野仁輔） 初級編 _ 112
鶏手羽カッチ・ビリヤニ（水野仁輔） 入門編 _ 114
ビーフキーマ・カッチ・ビリヤニ（水野仁輔） 入門編 _ 116
レトルト“ジャポニカ”ビリヤニ風（水野仁輔） 入門編 _ 118
Interview 稲田俊輔さんに聞きました　ビリヤニの魅力ってなんですか？ _ 120
Column ライタを作ってみよう！ _ 124

ビリヤニスパイスの使い方 _ 125

ビリヤニスパイス事典 _ 126
ビリヤニマサラを作ろう _136
市販ビリヤニマサラ配合表 _ 138

各国のビリヤニ名店 _ 141

アーンドラ・ダイニング 銀座（インド） _142
ノングインレイ（ミャンマー） _ 146
アジアカレーハウス（バングラデシュ） _148
ナワブ 日本橋店（パキスタン） _ 150
カラチの空（パキスタン） _ 152
Interview 小林真樹さんに聞きました　ビリヤニの魅力ってなんですか？ _ 154
ビリヤニセット・レトルトカレーを使って気軽にビリヤニを作ろう！ _ 158

What is Biryani?

ビリヤニは、おいしい！

ビリヤニは、インドをはじめ主に南アジア地域で親しまれている贅沢な炊き込みご飯です。口当たりは軽く優しいのに味わいは深く、満足感と幸福感に満たされます。つい食べ過ぎてしまうほどのおいしさ。これは不思議な体験です。玉ねぎの香味や甘味、肉や油脂分、乳製品のうま味、そして、なによりもスパイスの素晴らしい香りが混然一体となって米に吸収されていく。風味が存分にシミていて、フワッとパラッと炊けたビリヤニは格別。知られざるこのおいしさをもっと多くの人に味わってほしい、一度は体験してほしい、と思います。

実はビリヤニという料理自体はずいぶん前から日本にも入ってきていて、熱狂的なファンもいます。一部の愛好家たちの間では、「世界三大炊き込みご飯」といわれているそうです。スペインのパエリア、日本の松茸ご飯、インドのビリヤニ、だとか。なるほど！ と納得。

そして、そんなビリヤニは、自宅で作れます！　本来は、じっくり時間と手間をかけ、丁寧に調理されるものですが、パパッと作る方法も。米食文化の日本ですから、この“スパイスご飯”が全国の家庭で食卓に並ぶのを楽しみにしています。

水野仁輔

あなたのビリヤニレベルは？ ビリヤニフィーリングは？

ビリヤニを作りたいと思ったとき、あなたはどんな気分ですか？　どんなビリヤニを作ろうとしていますか？　どのくらいの経験をお持ちですか？　技術に自信はありますか？　手間暇を惜しみませんか？　それとも、手軽に作ってみたいですか？

本書では、４人の料理人がさまざまなタイプのビリヤニレシピを紹介しています。簡単なものから難しいものまで。手間のかかるものから、かからないものまで。オーソドックスなものからマニアックなものまで。

あなたの今いる場所や気分に寄り添って適したビリヤニレシピを提案できるよう、大まかな診断表にまとめました。ビリヤニクッキングに取り掛かるときにちょっと覗いてみてください。

ビリヤニレベル分け

難易度	レベル	レシピページ
入門編	ビリヤニなんて 聞いたこともない	18、110、114、 116、118
初級編	名前は知っているが 食べたことはない	8、14、106、 108、112
中級編	食べたことはあるが 作ったことはない	94、98、102、104
上級編	何度か 作ったことがある	26、32、38、42、46、 50、54、74、78、82
特級編	自分なりのレシピを 持っている	60

ビリヤニフィーリング診断表

	タイプ	レシピページ
A	絶対に失敗したくない人へ	114、116、118
B	基本からじっくり学びたい人へ	8、14
C	とことん怠けたい人へ	18、110、118
D	バスマティライスを買いたくない人へ	118
E	現地スタイルを体験したい人へ	26、32、38、42、 46、50、54
F	変わり種を作ってみたい人へ	110
G	大量に作ってパーティしたい人へ	60
H	オリジナリティを探りたい人へ	94、98、102、104、 106、108、112
I	世界のビリヤニに興味がある人へ	74、78、82
J	貪欲にとことん学びたい人へ	すべてのビリヤニ

The Basics of Biryani Cooking

ビリヤニ調理の基本

さあ、ビリヤニを作りましょう。
ビリヤニの作り方を大雑把にいえば、「グレービー（カレー）と米を合わせて炊く」となります。
だから、プロセスを大きく3つにわけることができます。

STAGE 1	STAGE 2	STAGE 3
グレービー（カレー）を作る	米を準備する	合わせて炊く

グレービー（カレー）を作る

せっかくカレーを作ったのならそのまま食べたい、と思う人もいるかもしれません。そこをグッと我慢できれば、その先においしいビリヤニが待っています。カレーの部分は専門的には「グレービー」と呼びます。場合によっては、「マリネ」だったり「スープ」だったりします。いずれにしても以下の要素が必要となります。

- **メインの具**……主にマトン、チキン、ビーフなどの肉が主流ですが、魚介類や野菜、卵なども使われます。
- **玉ねぎ**……油で揚げてフライドオニオンにしたり、サッと炒めたりします。

※スパイスを配合して「ビリヤニマサラ」を作る場合、以下の４種類のパウダースパイスをほぼ同量で混ぜ合わせてみてください。また、市販の「ビリヤニマサラ」（P.138 参照）を使っても大丈夫です。

ガラムマサラ
Garam Masala
マサラとはミックススパイスという意味。インドではメジャーなマサラだ。

レッドチリ
Red Chilli
ビリヤニには欠かせないスパイス。辛いのが苦手ならパプリカパウダーで代用。
（P.135）

クミン
Cumin
クセのある爽やかな香り。これひとつだけでも香りのバランスが取りやすい。
（P.128）

コリアンダー
Coriander
爽やかな香り。他のスパイスとの香りのバランスをとる調和のスパイス。
（P.129）

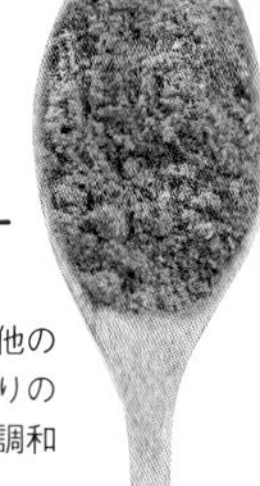

- **ベース**……ヨーグルトやトマトのうま味を加えて味を深めます。
- **スパイス**……ビリヤニマサラと呼ばれる粉状のミックススパイスが広く一般的に使われています。丸のままのスパイスが入ることもあります。個別のスパイスを揃えてビリヤニマサラを作るのが大変な場合、市販のもの（P.138参照）やガラムマサラ、カレーパウダーで代用しても近い香りにはなります。ミントや香菜などのハーブがあると彩りと香りが増します。
- **油、塩、水**……グレービーやマリネに欠かせないアイテムです。

米を準備する

何はなくとも“バスマティライス”と覚えておいてください。インドでよく使われる長粒米がなければビリヤニは作れません。銘柄やブランドはさまざまありますが、とにかくバスマティライスを手に入れるところからビリヤニクッキングはスタートすると思ってください（P.23参照）。

下準備で大事なのは２つです。どちらも米に風味を吸わせるのに必要なプロセスです。

- **浸水する**……あらかじめ米を水につけておきます。しっかり水分を含んだらざるにあげて水を切っておきます。
- **茹でる**……あらかじめ米を茹でておきます。炊くときにさらに加熱するため、完全に火を通さないようにします。この下準備をしないで炊く方法もあります。

合わせて炊く

本書では「パッキ式」と呼ばれる炊き方をビリヤニの基本としています。無数の炊き方のスタイルがありますが、この他の代表的な手法として、「カッチ式」と「ボイル式」を紹介します。

- **パッキ式**……グレービーを下にしき、茹でた米を上にのせ、ふたを閉じて炊く。
- **カッチ式**……マリネを下にしき、茹でた米を上にのせ、ふたを閉じて炊く。
- **ボイル式**……グレービーの入った鍋に生米を加え、ときどき混ぜ合わせながら炊く。

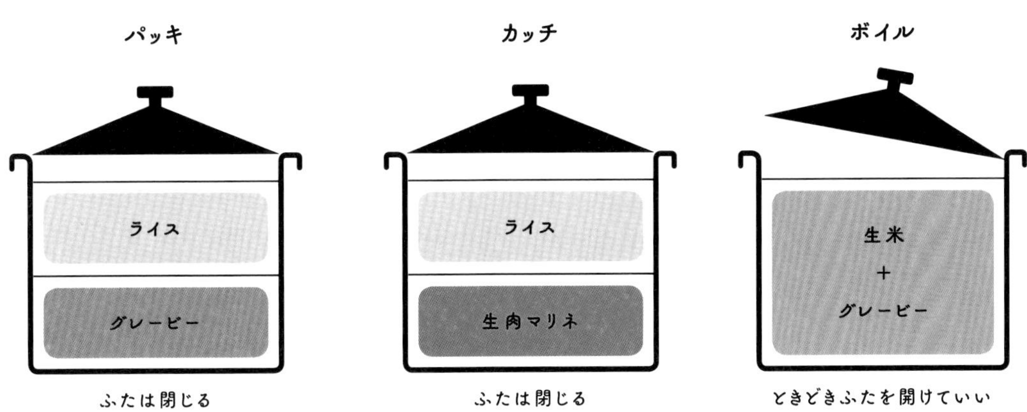

チキン・パッキ・ビリヤニ

基本的なパッキ式のビリヤニです。
鶏肉は骨なしを使い、スパイスも4種類のみで作れます。

Chicken Biryani

材料（2人分）

- ◉植物油……30g
- ◉玉ねぎ（スライス）……小1/2個（100g）
- ◉鶏もも肉（皮を取り除きひと口大に切る）……240g
- ◉にんにく（すりおろし）……小1/2片（3g）
- ◉しょうが（すりおろし）……大1/2片（5g）
- ◉カットトマト……80g
- ●パウダースパイス……6.6g
  - ・ガラムマサラ……小さじ1
  - ・クミン……小さじ1
  - ・コリアンダー……小さじ1
  - ・レッドチリ（またはパプリカ）……小さじ1/2
- ◉塩……小さじ1/2強（3.5g）
- ◉水……100cc
- ◉香菜（ざく切り）……適量
- ◉ミント（ざく切り）……適量
- ◉バスマティライス……200g
- ●米茹で用
  - ・熱湯……1.2ℓ（1200cc）
  - ・塩……15g

作り方

STAGE 1 グレービーを作る

Start

1 鍋に油を入れ熱する。玉ねぎを加えて強めの中火で7～8分ほど炒める。

2 玉ねぎがこんがりキツネ色になるまで炒める。

3

鶏肉とにんにく、しょうが、トマト、塩を加えて炒め合わせる。

4

パウダースパイスを混ぜ合わせて炒める。

5

水を注ぐ。

6

強火でグツグツと煮立てる。

7

弱火にしてふたをして10分ほど煮る。

8

香菜とミントを散らし混ぜ合わせる。

9

仕上がりは、グレービー200g、具（鶏肉）200gになる想定。

STAGE 2 米を茹でる

1

バスマティライスは30分ほど浸水して水を切っておく（浸水後、米は約270g）。熱湯に塩を溶いて、ブクブクと沸騰させる。

2

沸騰した状態で浸水した米を加えて強火で6分ほど茹でる。

3

米がつぶれないようにソッとざるにあげ、よく水を切る。

STAGE 3 合わせて炊く

1

ざるにあげた米をグレービーの鍋に加えて表面を平らにならす。

2

ふたをして強めの中火で蒸気が上がるまで2～3分ほど煮立てる。極弱火にして15分ほど炊く。

Finish

3

火を止めて10分ほど蒸らす。ふたを開け、軽く混ぜたら盛りつけて完成。

チキン・カッチ・ビリヤニ

生肉をマリネして作るカッチ式のビリヤニです。材料はチキン・パッキ・ビリヤニとほとんど同じ。作り方の違いで味が変化することに気づきます。

Chicken Biryani

材料（2人分）

- ◉植物油……30g
- ◉玉ねぎ（スライス）……小1/2片（100g）
- ◉鶏もも肉（皮を取り除きひと口大に切る）……240g
- ●マリネ用
  - ・にんにく（すりおろし）……小1/2片（3g）
  - ・しょうが（すりおろし）……大1/2片（5g）
  - ・プレーンヨーグルト……100g
  - ・塩……小さじ1/2強（3.5g）
- ●パウダースパイス……6.6g
  - ・ガラムマサラ……小さじ1
  - ・クミン……小さじ1
  - ・コリアンダー……小さじ1
  - ・レッドチリ（またはパプリカ）……小さじ1/2
- ◉香菜（ざく切り）……適量
- ◉ミント（ざく切り）……適量
- ◉バスマティライス……200g
- ●米茹で用
  - ・熱湯……1.2ℓ（1200cc）
  - ・塩……15g

作り方

STAGE 1 マリネを準備する

Start

1

マリネ用の材料とパウダースパイスをよく混ぜ、鶏肉に揉みこんでおく。20～30分でもいいが、できればひと晩以上おく。

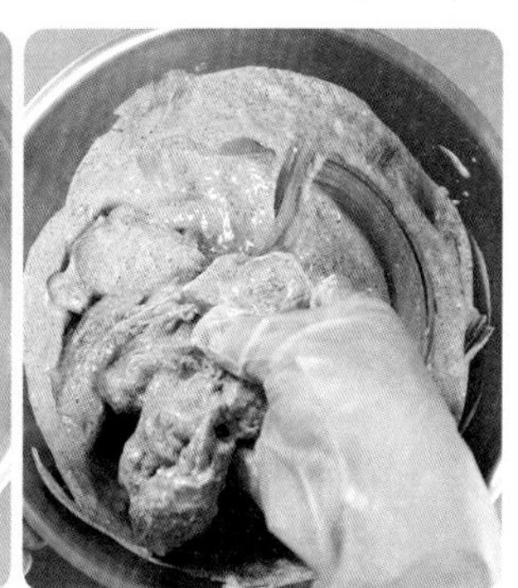

2

鍋に油を熱し、玉ねぎを加えて強火で7～8分ほど、こんがりキツネ色になるまで炒め、火を止めて、玉ねぎ（フライドオニオン状態）を別に少し取り出しておく。

3

玉ねぎの入っていた鍋にマリネした鶏肉をマリネ液ごと加えて、香菜とミントを加えてよく混ぜ合わせる。

STAGE 2 米を茹でる

1

バスマティライスは30分ほど浸水して水を切っておく（浸水後270g）。熱湯に塩を溶いて、鍋がブクブクと沸騰している状態で浸水した米を加えて強火で6分ほど茹で、ざるにあげる。

STAGE 3 合わせて炊く

1

ざるにあげた米をマリネの鍋に加えて表面を平らにならす。

2

別に取っておいた炒め玉ねぎを散らして、ふたをして強めの中火で蒸気が上がるまで2～3分ほど煮立てる。

Finish

3

極弱火にして20分ほど炊く。火を止めて10分ほど蒸らす。ふたを開け、軽く混ぜたら盛りつけて完成。

チャレンジ! ビリヤニ

レトルト"インディカ"ビリヤニ

レトルトカレーと炊飯器を使うビリヤニです。
レトルトカレーは小麦粉が入っていなければ何を使ってもOK。

Retort "Indica" Biryani

材料（1人分）

- ◉バスマティライス …… 100g
- ◉レトルトカレー …… 1人分（180g）
- ◉塩 …… 小さじ1/2弱（2g）
- ◉水 …… 90cc

使用レトルトカレー

ほうれん草と
ごぼうのセサミチキン

内容量／180g
販売者／(株)スペーススパイス
(P.159参照)

※小麦粉不使用の
レトルトカレーなら代用可

下準備 バスマティライスを30分ほど浸水し、ざるにあげておく。

作り方

STAGE 1 レトルトカレーを加えて米を炊く

Start

1 炊飯器にレトルトカレーと塩と水を入れる。

2 ざるにあげた米を加え、「早炊きモード」で炊く。

3 よく混ぜて盛りつけて完成。

Finish

おいしい ビリヤニってなに

グレービー（カレー）と米を合わせて炊くことに成功したら、抜群においしい味わいが待っています。でも、何度もビリヤニを作ったことのある人ならともかく、初めて作る人やあまりビリヤニを作ったり食べたりした経験のない人の場合、できあがったビリヤニを食べたときにひとつの疑問が生まれることでしょう。

「これが、正解の味なんだろうか？」

食べてみたビリヤニがたとえおいしかったとしても、「これでいいんだろうか？」の疑問が生まれる人は多いと思います。そんなとき、何を基準に「ビリヤニのおいしさ」を判断すればいいか。おいしいビリヤニの傾向は3つに分けられます。いわゆる成功例です。

ビリヤニが、米を風味豊かに炊く料理である以上、米を食べたときにどんな味わいを感じるか、でおいしいかどうかが決まるんです。

最も大事なことは、風味（味と香り）がシミて

SUCCESS 1	SUCCESS 2	SUCCESS 3
シミシミ系	フワフワ系	パラパラ系

おいしさの3つのキーワード

系統	状態	要因	手法
シミシミ系	風味が米に しっかりシミわたっている	蒸気（風味）が うまく対流している	グレービー・マリネをしっかり味つけする 極弱火でゆっくり時間をかけて炊く
フワフワ系	ふっくらと膨らんで やわらかい	米が蒸気を うまく吸っている	適切な水分量（グレービー・マリネ）で炊く 極弱火でゆっくり時間をかけて炊く
パラパラ系	軽くて食べやすい 食感を生んでいる	米がつぶれずに 炊けている	少し蒸気を逃がし、 蒸らす時間を長めにとる

いること。米を口に含んだときに米だけの味がするんじゃ、さすがに味気ないですよね。おかずがほしくなる。ビリヤニはひと皿で完結する料理ですから、米を食べたときにグレービー（カレー）の味や香りがしっかりしてほしいものです。

次に大事なのは、米の食感です。好みが分かれるところですが、主にフワッとやわらかいものとパラッと軽いものがあります。いずれにしても米が適度な水分を含んで適度な熱が通っている結果、生まれる食感です。

これらをまとめると、ベストなビリヤニは、風味がシミて、フワッとしているかパラッとしている状態となります。これを「シミ・フワ系」とか「シミ・パラ系」と呼んでいます。完全に成功した場合、“フワッ”と“パラッ”とが共存することがあります。そうすると、「シミ・フワ・パラ系」というパーフェクトなビリヤニができあがります。

あなたの作ったビリヤニは、どんな味わいがしますか？

それぞれのポイントを3点満点で採点して合計点を出してみましょう。おいしいビリヤニを作れたかどうか判断できると思います。右の表は水野仁輔レシピを採点したものです。

シミシミ系、フワフワ系、パラパラ系を実現するために大事なポイントも整理してみました（左図参照）。なぜそうなるのか（要因）。そのためにはどうしたらいいのか（手法）。

米の状態とは別にひとつだけ、気にしておきたいポイントがあります。それは、「そもそもの味と香りがしっかりしているか」という点です。すなわちグレービー（カレー）自体がちゃんとおいしくできあがっているかどうか。これは米を加える前までのプロセスで決まります。

普段のカレーよりも濃縮されて深い味わいになっていれば、成功の条件は整っているといえるんじゃないでしょうか。幸運を祈ります！

水野仁輔レシピを3つのキーワードで点数づけ

タイトル	シミシミ	フワフワ	パラパラ	合計点
チキン・パッキ・ビリヤニ（P.8）	2	3	2	7
チキン・カッチ・ビリヤニ（P.14）	3	2	2	7
レトルト“インディカ”ビリヤニ（P.18）	1	1	2	4
骨付き鶏もも肉のパッキ・ビリヤニ（P.94）	3	3	2	8
ラムチョップのパッキ・ビリヤニ（P.98）	2	3	2	7
アジのパッキ・ビリヤニ（P.102）	3	2	2	7
ラム肉のカッチ・ビリヤニ（P.104）	2	2	2	6
エビのボイル式ビリヤニ（P.106）	3	3	2	8
鶏手羽元のボイル式ビリヤニ（P.108）	2	2	2	6
チキン炒め式ビリヤニ（P.110）	2	2	2	6
チャナマサラのパッキ・ビリヤニ（P.112）	3	3	2	8
鶏手羽のカッチ・ビリヤニ（P.114）	1	1	3	5
ビーフキーマカッチ・ビリヤニ（P.116）	1	1	2	4
レトルト“ジャポニカ”ビリヤニ風（P.118）	3	1	1	5

もし、うまく作れなかったら

初めて作ったビリヤニがパーフェクトなおいしさだった、なんてことは滅多にありません。もしそんなことがあったら、それは、あなたが天才か、それとも、まぐれかのどちらかだと思ってください。もし、すごくおいしくできたとしても、そのビリヤニはもっとおいしくなるポテンシャルを秘めているのです。

次のビリヤニクッキングをさらにレベルアップさせるために肝心なのは、一度目から学んで二度目に挑むときに調整（チューニング）すること。チューニングさえ完了すれば、永遠に成功し続けることができるんです。

その昔、日本のお米（ジャポニカ米）をかまどでおいしく炊く方法は、「はじめチョロチョロなかパッパ」だといわれていました。でも、ビリヤニを炊くときのイメージは違います。茹でた米を鍋に加えてふたをしたら、スタートは強火で蒸気が勢いよくもれるくらいまで一気に鍋の温度を上げます。それから、一転して極弱火にし、その先は、鍋底に均等に火があたるようにして、ジワジワと時間をかけて炊いていく。最終的に鍋の中の温度が100℃になっているのが理想です。

繰り返しいいますが、ビリヤニは、米を風味豊かに炊く料理です。味と香りを米に吸わせながら最適な食感に仕上げたい。最も大切なことは温度管理による水分コントロール。そのために自分の使う鍋と熱源の特性を把握しましょう。

どんな鍋がいいのか？

- 鍋底が厚いこと
- 焦げにくい材質であること（銅、アルミ、鋳鉄、多層構造、フッ素樹脂加工など）
- ふたの密閉度が高いこと
- 熱伝導率と蓄熱性に優れていること
- 底面積が広すぎず、十分な深さがあること（ただし、深すぎると鍋中が温まりにくい）

どんな火加減がいいのか？

- 前半は強火、後半は極弱火。
- 熱源が火（ガス）の場合、できるだけ火と鍋底が離れた状態の小さな火力で炊く。
- 熱源がIHクッキングヒーター（電気）の場合、できるだけ火力設定を下げる。
- 鍋底は焦がしたくないが、鍋中は十分に温めたい。外気（部屋の温度）が寒い（低い）場合は、鍋の中が温まりにくい。

本音をいえば、「初めてのビリヤニクッキングは必ず失敗します」といい切りたい。同時に「失敗すれば上達する」「失敗した分だけ上達する」ともいえます。失敗の内容によって、原因と次に繰り返さないための対処方法を整理しました。参考にしてみてください。

失敗例

系統	状態	要因	改善方法
ベタベタ系	油っぽい	油が多すぎる	油を減らす
ギトギト系	非常に油っぽい	油が非常に多すぎる	油をもっと減らす
グズグズ系	米が崩れている	調理途中で米が割れてしまう	米を優しく扱う
パサパサ系	米がパサついている	米がうまく蒸気を含んでいない	水を増やすか炊く（蒸す）時間を長くする
カチカチ系	米に芯がある	水が足りないか浸水が不足している	水を増やすか浸水時間を長くする
ベチャベチャ系	水っぽい	水分（水やグレービー）が多すぎる	水を減らすか炊く（蒸す）時間を長くする
ガリガリ系	底が焦げている	水が足りないか火力が強すぎる	水を増やすか火力を弱める

インドの米図鑑

**バスマティから玄米、日常食のものまで
インドのお米といっても多種多様。
その中から4つをピックアップしました。
現地の価格とともに見比べてみましょう。**

※ルピー／円の為替レートは2020年の年間平均レートで計算

バスマティライス
Basmati Rice
149 ルピー／キロ
（約 215 円）

ブラウンバスマティライス
Brown Basmati Rice
106 ルピー／キロ
（約 153 円）

ソナマスリライス
Sona Masoori Rice
49.5 ルピー／キロ
（約 71 円）

ビリヤニライス
Biryani Rice
103 スピー／キロ
（約 148 円）

本書で使用しているバスマティライス

LAL QILLA（ラルキラ）　最高級のバスマティライス。古米のほうが値のはるバスマティライスの中でも熟成期間２年と長期貯蔵している。

ネットショップは P.159

ビリヤニとは？

ビリヤニが誕生したキッカケは、イスラム教徒のインドへの進出だといわれています。特に16世紀初頭から北インドを支配したムガル帝国の影響で、インドの食文化に大きな変化が起こりました。今もインドで愛される代表的な料理でこの時代に生まれたものは少なくありません。

一説では、ビリヤニのルーツと呼ばれているプラオという米料理は、ペルシア（現在のイラン）で生まれ、西に伝わってトルコのピラフ（ピラウ）やイタリアのリゾット、スペインのパエリアへと変化し、東へ伝わってインドでビリヤニを生んだといわれています。

イスラム教徒は食に対する独自のこだわりを持っています。肉をよく食べ、乳製品のコクを活かしたり、玉ねぎをたっぷりの油で揚げて利用したりなど、リッチな味わいを生み出す手法が満載。

それらが活用される形でビリヤニは、単品で食事を完結させられるほど食べごたえのある料理へと成長しました。

そういう点ではさまざまな料理を少しずつ盛り合わせ、混ぜながらいただくインド料理文化の中で、稀有な存在といえるかもしれません。そんな経緯があってか、ビリヤニは主に「ハレの日のメニュー」として今も親しまれています。もちろん、街角に専門店があり、普段の生活の胃袋を満たすビリヤニも多く存在しますが、どちらかといえば、儀式やお祭り、婚礼をはじめとするお祝い事などの「非日常」に作られるイメージがあります。

豪華で贅沢なビリヤニが堪能できることで有名なインドの地域は、主に３ヵ所あります。ラクナウとオールドデリー、ハイデラバードです。ラクナウは、インドにおけるムスリム料理（イスラム教徒の影響を受けた料理）のルーツともいえる場所。ここで生まれたビリヤニがオールドデリーなどへ伝播した可能性があります。ハイデラバードは南インドの都市ですが、こちらでは、ハイデラバーディ・ビリヤニと呼ばれる、ひと味違ったビリヤニが親しまれています（P.88参照）。

この他に南インドのケララ州やタミル・ナードゥ州でも独自のビリヤニがあり、バングラデシュ、スリランカ、ミャンマー、タイなどにもビリヤニの仲間たちがあって親しまれています。いつか日本にも独自のビリヤニ文化が生まれるかもしれません。

ビリヤニ
レシピ 22

Biryani Recipes

上級編

E 現地スタイルを体験したい人へ

Chicken Dum Biryani

渡辺玲直伝

チキン・ダム・ビリヤニ

ダムとは「蒸す」という意味。
北インドの伝統的な味を再現しています。
鶏肉とグレービーをしっかり煮込みましょう。

材料（4人分）

【ステージ1】

- ◉一口大にカットした皮なし鶏もも肉 …… 2枚（400g）
- ◉玉ねぎ（スライス） …… 1個分（200g）
- ◉ジンジャー・ガーリック・ペースト
  （しょうがとにんにく同量のすりおろし）…… 大さじ1
- ◉トマトの粗みじん切り …… 1/2個分（80g）
- ◉プレーンヨーグルト …… 1カップ
- ◉塩 …… 小さじ2
- ◉植物油 …… 大さじ3
- ◉水 …… 1/2カップ
- ●ホールスパイス
  - ・グリーンカルダモン …… 4粒
  - ・ビッグカルダモン …… 1粒
  - ・シナモンスティック …… 3cm
  - ・ブラックペッパー …… 8粒
  - ・シナモンリーフ …… 1枚
  - ・スターアニス …… 1個
- ●パウダースパイス
  - ・ターメリック …… 小さじ1/4
  - ・レッドチリ …… 小さじ1
  - ・コリアンダー …… 小さじ2
  - ・クミンパウダー …… 小さじ1
- ●仕上げのスパイス
  - ・ガラムマサラ …… 小さじ1

【ステージ2】

- ◉バスマティライス …… 450g
- ◉塩 …… 小さじ2
- ◉水 …… 1.5ℓ（1500cc）
- ●ホールスパイス
  - ・クローブ …… 3粒
  - ・シナモンリーフ …… 1枚
  - ・カルダモン …… 3粒
  - ・シナモンスティック …… 3cm

【ステージ3】

- ◉バターかギー …… 30～40g
- ◉ミント（ざく切り）
  …… 10g（ペパーミント、スペアミントどちらもオーケー）
- ◉香菜（ざく切り） …… 10g
- ●ホールスパイス
  - ・サフラン …… 45本程度　水大さじ2に浸ける
- ●仕上げのスパイス
  - ・ガラムマサラ …… 小さじ1/2

下準備　バスマティライスを30分程度浸水させ（冬は1時間）、全体が白くなったら、ざるにあげて水切りしておく。

作り方

STAGE 1　チキングレービー（北インドのヨーグルトベース）を作る　Start

1　鍋に油を入れたら中火でホールスパイスを加える。カルダモンがふくらみ、スパイスのいい香りがしたら玉ねぎを入れて炒めはじめる。火加減は当初強めの中火。徐々に火を弱め、最終的に揚げ玉ねぎのようになるまで炒める。所要時間10分。

2

弱火にしてジンジャー・ガーリック・ペースト、トマトを加え、軽く混ぜたらヨーグルトとパウダースパイス、塩を加える。

3

100ccの水を加え、強めの中火で沸騰させ、そのまま１分ほど煮込む。

4

鶏肉を加え、鶏の表面の色が白く変わるまで煮込む。ふたをし、弱めの中火～弱火で、ときどきかき混ぜながら煮る。10分ほど煮込んだら、ガラムマサラを加えて、グレービーのできあがり。

STAGE 2 バスマティライスを「湯とり法」で仕込む

1

大きめの深鍋を用意したら、150gの米に対して500ccの水を入れる。ホールスパイスもすべて鍋に入れ、火をつけ、強火で湯を沸かす。

2

湯が沸いたら、塩を入れる。150gの米に対して小さじ1。水切りしたバスマティライスを鍋に入れる。

3

沸騰してきたら、沸騰を十分維持できる火加減に落とし、米を茹でる。茹で時間は再沸騰後2分。

4

硬い仕上がりに茹でたら、ざるにスパイスごとすべてあげ、十分に湯を切る。

STAGE 3 グレービーと米を合体させ、蒸し焼きにする

1

ピッタリとふたのできる厚手の鍋を用意し、鍋の底面にチキングレービーの半量弱をしく。

2

ミントの葉と香菜の半量弱を散らす。

3

バスマティライスの半量をのせ、バターかギーを半量かける。

4

残りのチキングレービーのほとんどを加え、ミントの葉と香菜の半量弱ものせる。チキングレービーは1/2カップ、そしてミントと香菜も少し残しておくといい。

5

ライスをのせ、残りのバターかギーをかける。さらにライスを加え、一番上はライスにすること。

6

サフランを浸した水ごとかけ、ガラムマサラもふりかける。残しておいたチキングレービー、ミントや香菜もかける。

7

ふたをしたら、弱火で20分加熱する。

Finish

8

加熱終了後10分蒸らし、全体をミックスして完成。

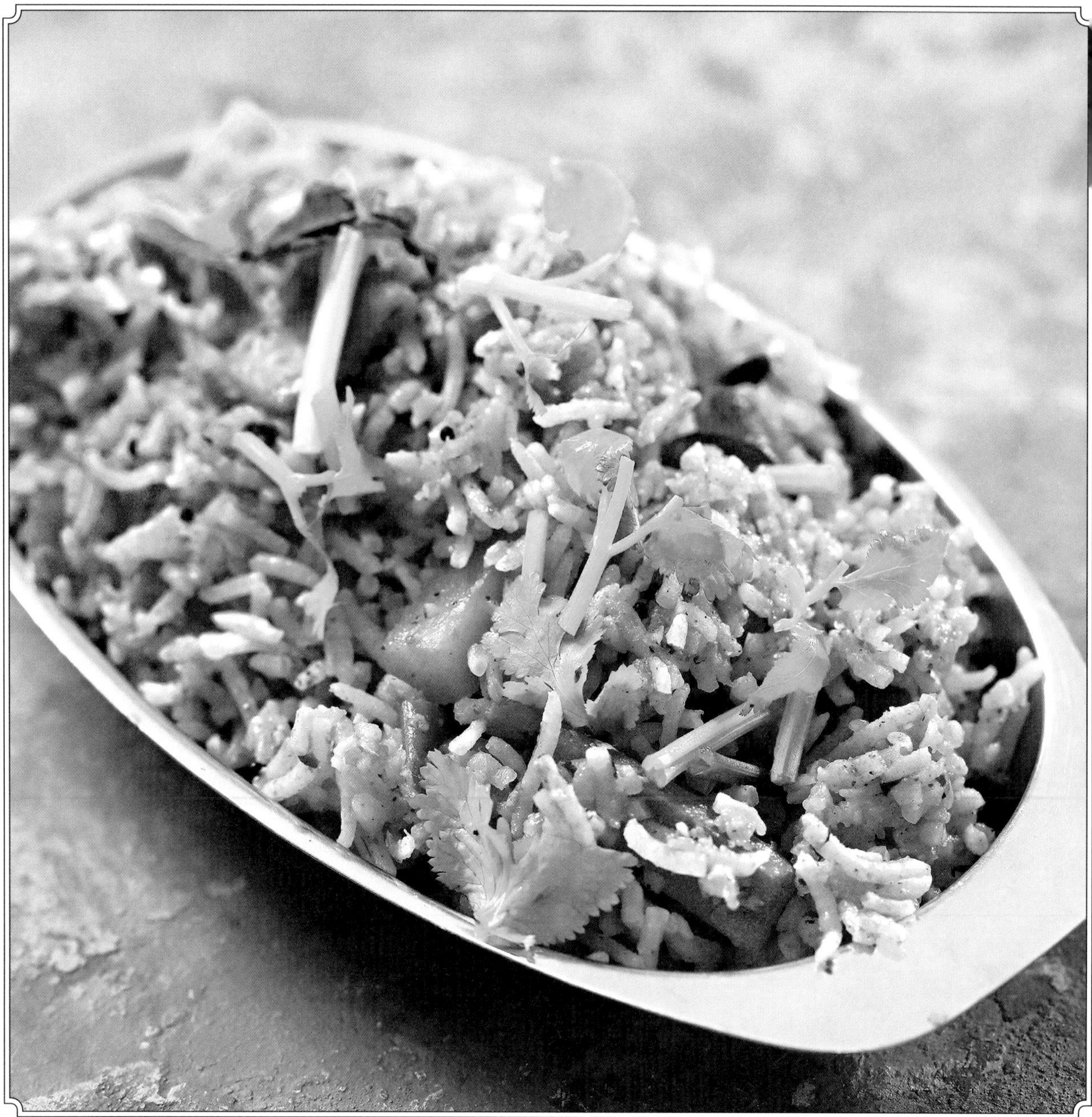

上級編

E 現地スタイルを体験したい人へ

渡辺玲直伝

南インドのベジタブル・ビリヤニ

South Indian Vegetable Biryani

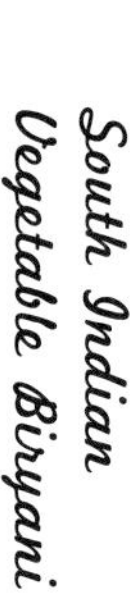

ヒンドゥー教などの教えにより、
国民の30～40%が菜食主義者というインド。
まさにそんな文化の中で生まれたビリヤニです。

材料（4人分）

【ステージ1】

◉植物油 ……… 大さじ1
◉玉ねぎ（スライス） ……… 1/2個分
◉香菜（みじん切り） ……… 大さじ2
◉生カシューナッツ ……… 1/4カップ
◉青唐辛子 ……… 2本
（またはシシトウ4本またはピーマンの乱切り1/2個分）
◉水 ……… 200cc
●ホールスパイス
・シナモンスティック ……… 3cm
・クローブ ……… 4粒
・グリーンカルダモン ……… 4粒
◉プレーンヨーグルト ……… 1カップ
◉ミント（ざく切り） ……… 5g
◉香菜（みじん切り） ……… 10g
●スターター用ホールスパイス
・マスタードシード ……… 小さじ1
・アサフェティダ ……… 小さじ1/8
●パウダースパイス
・ターメリック ……… 小さじ1/4
・レッドチリ ……… 小さじ1/2
・コリアンダー ……… 小さじ2
・クミンパウダー ……… 小さじ1
・ガラムマサラ ……… 小さじ1/2

【ステージ2】

●お好みの野菜を合わせて ……… 3カップ（以下例）
・5mm角で長さ3cmのスティックにカットしたにんじん ……… 1カップ（100g）
・1cm角で長さ3cmのスティックにカットしたじゃがいも ……… 1カップ（100g）
・1cm程度にスライスしたいんげん ……… 1カップ（100g）
◉植物油 ……… 大さじ3（またはギーかバター30g）
◉玉ねぎ（スライス） ……… 1/2個分
◉ジンジャー・ガーリック・ペースト
（しょうがとにんにく同量のすりおろし） ……… 大さじ1
◉カレーリーフ ……… 1枝分20枚程度
◉塩 ……… 小さじ2
◉水 ……… 100cc

【ステージ3】

◉バスマティライス ……… 450g
◉塩 ……… 小さじ3
◉水 ……… 1.5ℓ（1500cc）
●ホールスパイス
・クローブ ……… 3粒
・シナモンリーフ ……… 1～2枚
・カルダモン ……… 3粒
・シナモンスティック ……… 3cm

【ステージ4】

◉ギーかバター ……… 30g
●ホールスパイス
・サフラン ……… 45本程度　水大さじ1に浸ける

下準備 バスマティライスを30分程度浸水させ（冬は1時間）、全体が白くなったら、ざるにあげて水切りしておく。

作り方

STAGE 1 野菜ビリヤニ・マサラを作る

Start

1

フライパンや中華鍋に油を入れたら、水以外の材料をすべて加え、軽く炒める。

2

炒めた材料をミキサーに入れ、水も加え、なめらかなペーストになるまでミキサーにかける。

STAGE 2 野菜グレービーを作る

1

鍋に油を入れ、中火にしたら、マスタードシードとアサフェティダを加える。

2

マスタードシードがはじけたら、玉ねぎとカレーリーフを加えて炒める。火は強めの中火。玉ねぎを少し茶色になるまで炒めたら火を弱め、ジンジャー・ガーリック・ペーストを加える。

3

水100ccと火の通りにくい野菜、たとえばにんじんを加え、透明感が出るまで中火で1～2分炒める。さらにじゃがいも、いんげんなど残りの野菜を加え、1～2分炒め煮込む。

4

水を1カップほど（分量外）加え、ふたをして、野菜に7割程度火が通るまで蒸し煮する。

5

ステージ1の野菜ビリヤニ・マサラ、ヨーグルト、パウダースパイス、塩を加えて、野菜全体に火が通るまで煮込む。煮詰まりそうなら、差し水する。火を止め、ミント、香菜を加える。ひとり1カップ、4人分で800cc程度になるとよい。

STAGE 3 バスマティライスを「湯とり法」で仕込む

1

大きめの深鍋を用意したら、150gの米に対して500ccの水を入れる。ホールスパイスもすべて鍋に入れ、火をつけ、強火で湯を沸かす。

2

湯が湧いたら、塩を入れる。150gの米に対して小さじ1。水切りしたバスマティライスを鍋に入れる。

3

沸騰してきたら、沸騰を十分維持できる火加減に落とし、米を茹でる。茹で時間は再沸騰後2分。

4

硬い仕上がりに茹でたら、ざるにスパイスごとすべてあげ、十分に湯を切る。

STAGE 4 グレービーと米を合体させ、蒸し焼きにする

1

ピッタリとふたのできる厚手の鍋を用意する（野菜グレービーを作った鍋でもいい）。

2

野菜グレービーと茹でた米を鍋の中に入れる。

3

米と野菜グレービーを軽くミックスする。

4

その上の何ヵ所かにギーを少量ずつかける。サフランも浸けた水ごと上から散らす。

Finish

5

ピッタリとふたをしたら、弱火で15分加熱。加熱終了後10分ほど蒸らしたら、完成。※米とグレービーを混ぜないで、通常の重ね蒸しで仕上げてもよい。

上級編 | E | 現地スタイルを体験したい人へ

渡辺玲直伝

ハイデラバード風
チキン・カッチ・ビリヤニ

Hyderabad Style Chicken Kacchi Biryani

インドでビリヤニといえば、ハイデラバード。
カッチ式のビリヤニが親しまれています。
生肉から炊くことでジューシーな味わいになります。

材料（4人分）

【ステージ1】

◉一口大にカットした皮なし鶏もも肉 …………… 2枚（400g）
◉玉ねぎの横切りスライス ………………………………… 1個
◉ジンジャー・ガーリック・ペースト
（しょうがとにんにく同量のすりおろし） ……… 大さじ1～2
◉スリットを入れた青唐辛子
……………………… 2本（またはシシトウの小口切り4本分）
◉プレーンヨーグルト ………………………………… 1カップ
◉香菜（ざく切り） ………………………………………… 10g
◉ミント（ざく切り）……………………………………… 5g
◉塩……………………………………………………… 小さじ2
●ホールスパイス
・グリーンカルダモン ……………………………………… 4粒
・ビッグカルダモン ………………………………………… 1粒
・シナモンスティック ……………………………………3cm
・クローブ ………………………………………………… 4粒
・ブラックペッパー ……………………………………… 10粒
・スターアニス …………………………………………… 1個
・メース ………………………………………………… 大さじ1
●パウダースパイス
・ターメリック ………………………………………… 小さじ1/4
・レッドチリ …………………………………………… 小さじ2
・コリアンダー ………………………………………… 小さじ3
・クミンパウダー …………………………………… 小さじ1と1/2
・ガラムマサラ ………………………………………… 小さじ1

【ステージ2】

◉バスマティライス ……………………………………… 450g
◉塩……………………………… 小さじ3（米150gにつき小さじ1）
◉水……………………………………………………1.5ℓ（1500cc）
●ホールスパイス
・クローブ ………………………… 3粒（米150gにつき1粒）
・シナモンリーフ …………… 2枚（米300gにつき1枚程度）

【ステージ3】

◉バターかギー …………………………………………… 30g
◉サフラン ………………………… 45本程度　水大さじ2に浸ける
◉香菜（ざく切り） ………………………………………… 10g
◉ミント（ざく切り）……………………………………… 5g
●パウダースパイス
・ガラムマサラ ………………………………………… 小さじ1/2

下準備 バスマティライスを30分程度浸水させ（冬は1時間）、全体が白くなったら、ざるにあげて水切りしておく。

作り方

STAGE 1 チキンをマリネする

Start

1 フライパンに分量外の油大さじ4を入れたら、最初は強めの中火で玉ねぎを炒める。

2

最後は弱火で、揚げ玉ねぎのように茶色く炒めたら、ペーパータオルなどの上にとる。

3

ボウルなどに鶏肉を入れたら、他の材料すべて、ホールスパイス、パウダースパイスを加え、混ぜる。最低15分、できれば6時間以上（「ひと晩」に相当）マリネする。

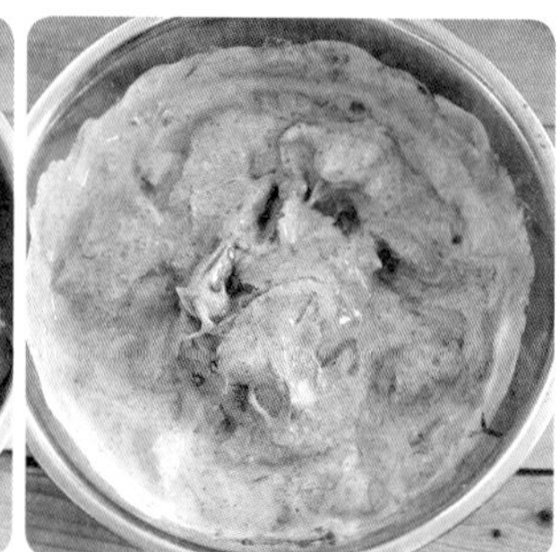

STAGE 2 バスマティライスを「湯とり法」で仕込む

1

鍋に1.5ℓ（1500cc）程度の水を入れる。ホールスパイスを鍋に入れ沸かす。塩と水切りした米を入れる。沸騰したら中火に落とし、米を２分茹でる。ざるにスパイスごとあげ、湯を切る。

STAGE 3 マリネの上に米をのせ、蒸し焼きにする

1

ピッタリとふたのできる厚手の鍋を用意する。寸胴より横に広い鍋がベター。鍋の底面にチキンをマリネごとすべてしく。

2

マリネの上に、バスマティライスを軽くかぶせるようにしてのせ、バターかギーもかける。

3

香菜、ミント、炒めた玉ねぎ、ガラムマサラをかける。さらにサフランを浸した水ごとかける。

Finish

4

ピッタリとふたをしたら、中火で10分、弱火で15分加熱する。加熱終了後10分蒸らし、全体をミックスして完成。

上級編　E　現地スタイルを体験したい人へ

Fish Dum Biryani

渡辺玲直伝

フィッシュ・ダム・ビリヤニ

日本ではあまり食べられていませんが、
インドではフィッシュ・ビリヤニは一般的。
白身魚でも青魚でもおいしく仕上がります。

材料（4人分）

【ステージ1】

◉白身魚の切り身（メカジキ、タイなど）…… 4枚300～400g
◉ジンジャー・ガーリック・ペースト
（しょうがとにんにく同量のすりおろし）…………… 大さじ1/2
●パウダースパイス
・ターメリック …………………………… 小さじ1/8
・レッドチリ …………………………… 小さじ1
・コリアンダー …………………………… 小さじ1
・クミンパウダー …………………………… 小さじ1/2
・ガラムマサラ …………………………… 小さじ1/2
◉粗挽きブラックペッパー …………………… 小さじ1/2
◉塩…………………………………………… 小さじ1/2

【ステージ2】

◉玉ねぎの横切りスライス ………………………… 1個分
◉ジンジャー・ガーリック・ペースト
（しょうがとにんにく同量のすりおろし）…………… 大さじ1/2
◉スリットを入れた青唐辛子
……………………… 2本（またはシシトウの小口切り4本分）
◉プレーンヨーグルト …………………………… 1カップ
◉水……………………………………………… 100cc
◉塩……………………………………………… 小さじ1と1/2
◉植物油 …………………………………………… 大さじ3
●ホールスパイス
・シナモンスティック ………………………………3cm
・クローブ ………………………………………… 4粒
・グリーンカルダモン …………………………… 4粒
・メース ………………………… 大さじ1（無くても可）
・スターアニス ……………………… 1かけ（無くても可）
・ビッグカルダモン ……………………… 1粒（無くても可）
●パウダースパイス
・ターメリック …………………………… 小さじ1/8
・レッドチリ …………………………… 小さじ1
・コリアンダー …………………………… 小さじ2
・クミンパウダー …………………………… 小さじ1
●仕上げのスパイス
・ガラムマサラ …………………………… 小さじ1

【ステージ3】

◉バスマティライス …………………………… 450g
◉塩……………………………………………… 小さじ2
◉水……………………………………… 1.5ℓ（1500cc）
●ホールスパイス
・グリーンカルダモン …………… 3粒（米150gにつき1粒）
・クローブ ……………………… 3粒（米150gにつき1粒）
・シナモンスティック ……………3cm（米150gにつき1cm）
・シナモンリーフ …………… 1～2枚（米300gにつき1枚）

【ステージ4】

◉ミント（ざく切り）…………………………… 5g
◉香菜（ざく切り） …………………………… 5g
◉ギーかバター …………………………………… 適宜
◉サフラン ………………… 45本程度　水大さじ2に浸ける
◉ガラムマサラ …………………………… 小さじ1/2

下準備　バスマティライスを30分程度浸水させ（冬は1時間）、全体が白くなったら、ざるにあげて水切りしておく。

作り方

STAGE 1　スパイスでマリネした魚を焼く

Start

1　食べやすいサイズに切った魚の切り身を、ステージ1の塩以外すべての材料を加え、15分～一晩マリネする。焼く直前に塩をする。油（分量外）をひいたフライパンにマリネを入れ、両面を中火で7割程度焼き、取り出しておく。

STAGE 2 魚を焼いた油でビリヤニ用マサラを作る

1

魚を焼いたフライパンに大さじ３の油を足して、玉ねぎとホールスパイスを加え、中火で炒める。玉ねぎを茶色になるまで炒めたら火を弱め、ジンジャー・ガーリックペースト、青唐辛子を加える。

2

プレーンヨーグルトとパウダースパイス、塩を入れ、軽く混ぜる。

3

水を加え、強めの中火で沸騰させたら、中火にし、１分ほど煮込む。ガラムマサラを加える。

STAGE 3 バスマティライスを「湯とり法」で仕込む

1

鍋に1.5ℓ（1500cc）程度の水を入れる。ホールスパイスを鍋に入れ沸かす。塩と水切りした米を入れる。沸騰したら中火に落とし、米を２分茹でる。ざるにスパイスごとあげ、湯を切る。

STAGE 4 マサラと米を重ね、蒸し焼きにする

1

ピッタリとふたのできる厚手の鍋を用意。マサラを鍋にしいたら、ミントと香菜をかける。茹でた米をかぶせ、その上の何ヵ所かにギーかバターをかける。浸けた水ごとサフランをかける。

2

焼いた魚の切り身を米にのせる。ガラムマサラをふりかけ、ピッタリとふたをしたら、弱火で15分加熱する。加熱終了後、さらに10分ほど蒸らす。

Finish

3

ふたを取り、魚を皿などに移し、ビリヤニ本体を大きく返すように混ぜたら、魚を盛りつけ直して完成。

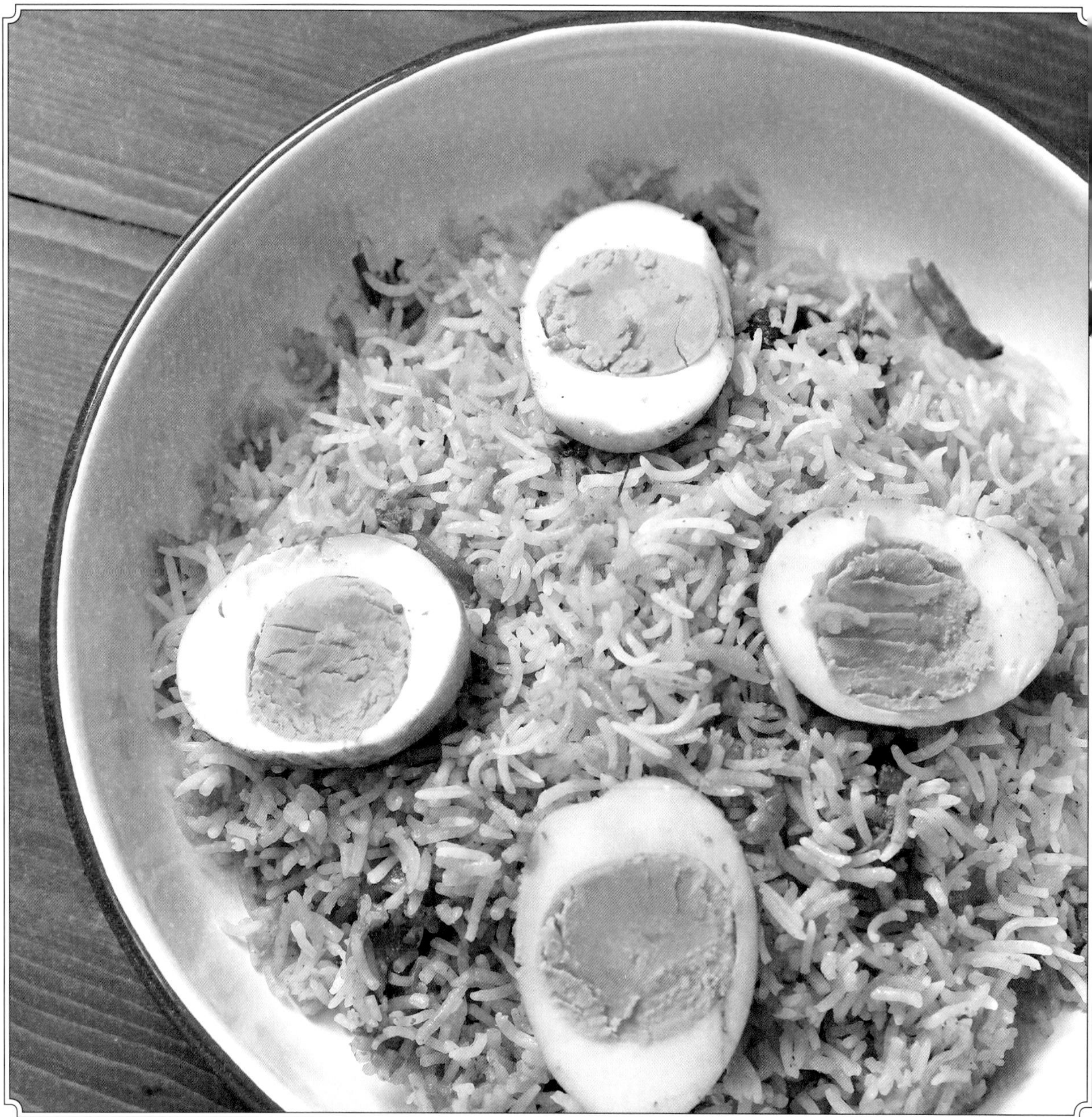

上級編

E　現地スタイルを体験したい人へ

Egg Biryani

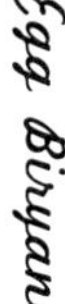

渡辺玲直伝

エッグ・ビリヤニ

マサラエッグとバスマティライスの相性抜群。
酒のつまみにマサラエッグだけ食べてもおいしい。
インドで親しまれている庶民の味を楽しめます。

材料（4人分）

【ステージ1】
◉植物油 …… 大さじ2
◉固ゆで卵 …… 4～8個
◉塩 …… 適宜（小さじ1/4）
●パウダースパイス
・レッドチリ …… 小さじ1/2
・コリアンダー …… 小さじ1/2
・クミンパウダー …… 小さじ1/4
・ガラムマサラ …… 小さじ1/4
※ビリヤニに入れるだけでなく、このまま食べてもよい。その際、塩を少し足す。

【ステージ2】
◉植物油 …… 大さじ3
◉玉ねぎのハーフ・スライス …… 1個分200g
◉ジンジャー・ガーリック・ペースト
（しょうがとにんにく同量のすりおろし）…… 大さじ1
◉スリットを入れた青唐辛子 …… 2本
◉香菜（みじん切り） …… 大さじ2
◉トマト（粗みじん切り）…… 1個分（150g）
◉プレーンヨーグルト …… 1カップ
◉塩 …… 小さじ2
◉水 …… 100cc
●ホールスパイス
・シナモンスティック …… 3cm
・クローブ …… 4粒
・グリーンカルダモン …… 4粒
・ブラックペッパー …… 10粒
・スターアニス …… 1/2個（無くても可）
・メース …… 大さじ1（無くても可）
●パウダースパイス
・ターメリック …… 小さじ1/4
・レッドチリ …… 小さじ1
・コリアンダー …… 小さじ2
・クミンパウダー …… 小さじ1
●仕上げのスパイス
・ガラムマサラ …… 小さじ1

【ステージ3】
◉バスマティライス …… 450g
◉塩 …… 小さじ2
◉水 …… 1.5ℓ（1500cc）
●ホールスパイス
・クローブ …… 3粒
・シナモンリーフ …… 1枚
・カルダモン …… 3粒
・シナモンスティック …… 3cm
・ブラックペッパー …… 8粒
・メース …… 大さじ1

【ステージ4】
◉ギーか無塩バター …… 適宜（30g程度）
◉サフラン …… 45本程度　水大さじ2に浸ける
◉ミント（ざく切り） …… 5g
◉香菜（ざく切り） …… 10g
●仕上げのスパイス
・ガラムマサラ …… 小さじ1/2

下準備　バスマティライスを30分程度浸水させ（冬は1時間）、全体が白くなったら、ざるにあげて水切りしておく。

作り方

STAGE 1　マサラエッグを作る

Start

1　卵に黄身まで届く切れ目を縦4ヵ所入れる。フライパンに油と卵を入れ、強めの中火で転がすように全体に焼き目をつける。焼き目がついたら、弱火にしてパウダースパイスと塩を加え、スパイスを絡ませる。

STAGE 2 エッググレービーを作る

1

厚手の鍋に油を入れ、ホールスパイスを中火で炒める。グリーンカルダモンやクローブがふくらみ、いい香りがしたら、玉ねぎを加えて、茶色になるまで炒める。

2

火を弱め、ジンジャー・ガーリック・ペースト、青唐辛子、トマト、香菜を加え、中火で軽く煮る。弱火にしてヨーグルト、パウダースパイス、塩を加えて混ぜる。

3

水を加え、強めの中火で沸騰したら火を弱め、2〜3分煮る。卵を入れ、弱めの中火で5分煮る。卵の切れ目が開いてきたら、ガラムマサラを加えて1分ほど煮て、塩加減を調整する。

STAGE 3 バスマティライスを「湯とり法」で仕込む

1

鍋に1.5ℓ（1500cc）程度の水を入れる。ホールスパイスを鍋に入れ沸かす。塩と水切りした米を入れる。沸騰したら中火に落とし、米を2分茹でる。ざるにスパイスごとあげ、湯を切る。

STAGE 4 グレービーとライスを重ね、蒸し焼きにする

1

卵とグレービー1/2カップ程度を取り分けておく。厚手の鍋にグレービーをしき、ミント、香菜をふりかける。

2

グレービーの上に米をかぶせ、数ヵ所にギーかバター、そして、浸けた水ごとサフランもかける。卵を米の上にのせ、分けておいたグレービー、ガラムマサラをかける。

Finish

3

ふたをしたら、弱火で15分程度加熱する。加熱終了後、10分蒸らす。ふたを取り、卵をくずさないようにして、混ぜれば完成。

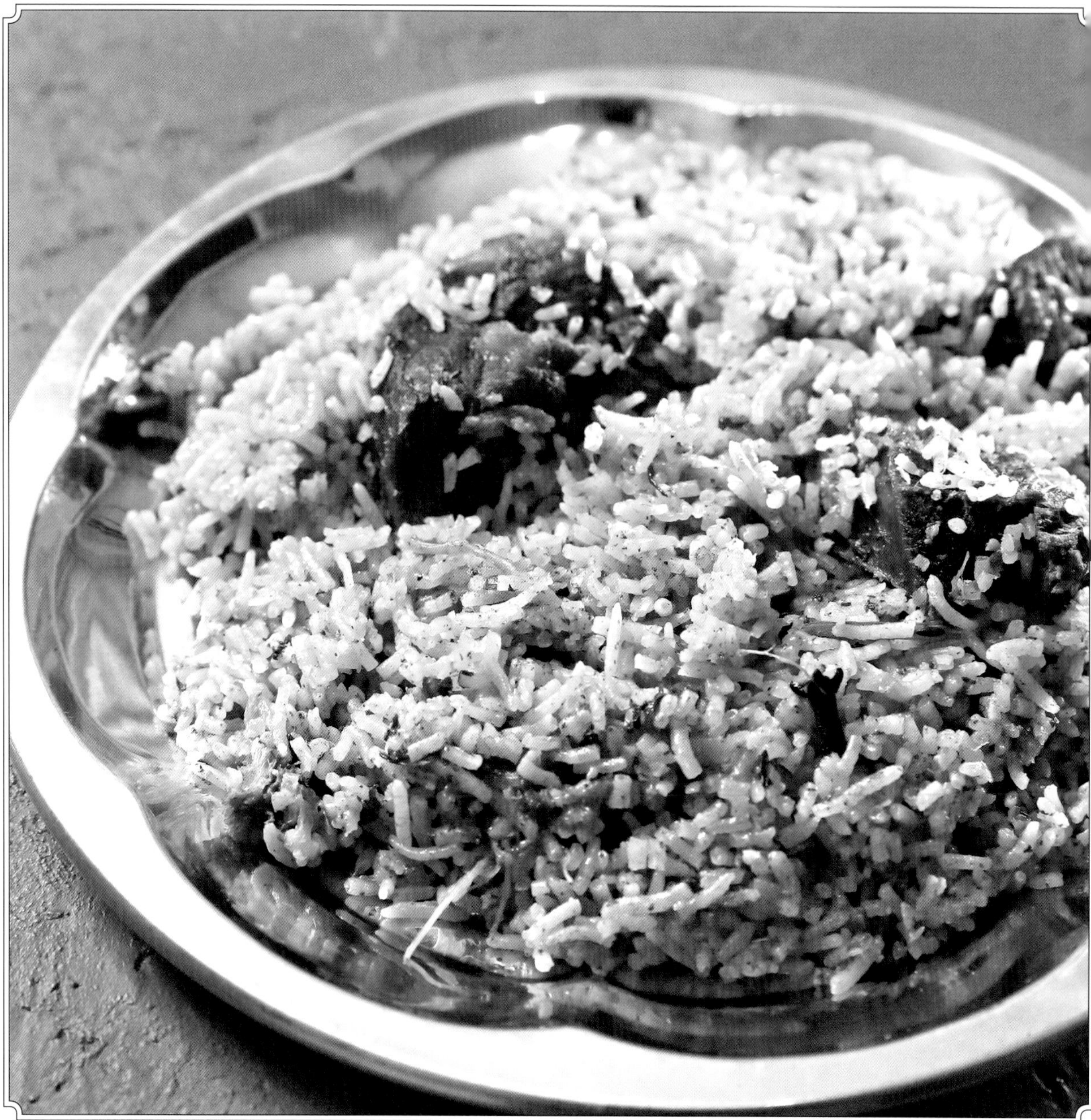

上級編　E　現地スタイルを体験したい人へ

Mutton Yakhni Biryani

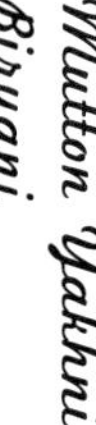

渡辺玲直伝

マトン・ヤクニ・ビリヤニ

ヤクニとはイスラム風スープのこと。
ヤクニで生米を炊き込むので
出汁の効いたビリヤニができあがります。

材料（4人前）

【ステージ1】

◉マトンやラムの骨付きまたは骨なし肉 …………… 500g程度
◉紫玉ねぎ（乱切り） ……………………………… 1/4個分
◉つぶしたにんにく ………………………………… 1片
◉しょうがのスライス4枚またはジンジャー・ガーリック・ペースト（しょうがとにんにく同量のすりおろし） 大さじ1
◉水……………………………………………… 1ℓ（1000cc）
●ホールスパイス
・コリアンダーシード ……………………………… 大さじ1
・クミンシード ……………………………………… 小さじ1
・フェンネルシード ………………………………… 小さじ1/2
・グリーンカルダモン ……………………………… 4粒
・シナモンスティック ……………………………… 3cm
・クローブ …………………………………………… 4粒
・ブラックペッパー ………………………………… 10粒
・シナモンリーフ …………………………………… 1枚
・ビッグカルダモン ………………………………… 1粒

【ステージ2】

◉バスマティライス ………………………………… 450g
◉ステージ1で作ったヤクニ
…………………… 計4カップ（3カップと1カップに分ける）
◉玉ねぎの横切りスライス ………………………… 1個分
◉ジンジャー・ガーリック・ペースト…………… 大さじ1
◉スリットを入れた青唐辛子 ……………………… 2本
◉香菜（ざく切り） ………………………………… 大さじ2
◉ヨーグルト ………………………………………… 1/2カップ
◉植物油 ……………………………………………… 大さじ3
◉ギーかバター ……………………………………… 30g
◉塩…………………………………………………… 大さじ1
◉ミント（ざく切り）……………………………… 5g
●ホールスパイス
・カルダモン ………………………………………… 4粒
・ビッグカルダモン ………………………………… 1粒
・クローブ …………………………………………… 4粒
・シナモンスティック ……………………………… 3cm
・ブラックペッパー ………………………………… 10粒
・シナモンリーフ …………………………………… 1枚
・メース ……………………………………………… 大さじ1
・スターアニス ……………………………………… 1個
・サフラン …………………… 45本程度　水大さじ2に浸ける
●パウダースパイス
・ガラムマサラ ……………………………………… 小さじ2

下準備 バスマティライスを30分程度浸水させ（冬は1時間）、全体が白くなったら、ざるにあげて水切りしておく。

作り方

STAGE 1 ヤクニ（スープ）を作る

Start

1 すべての材料を鍋に入れ、煮込む。

2

沸騰後60～120分して出汁がよく出たら完成。肉を取り出し、水（分量外）を足して４カップ分のスープにする。

STAGE 2 ヤクニでビリヤニを炊く

1

ふたのできる鍋を用意。油を入れ中火にしたらホールスパイスを加え、いい香りがするまで熱する。

2

玉ねぎを加え、強めの中火で炒める。最後は中火にして茶色くなるまで炒めたら、弱火でジンジャー・ガーリック・ペーストを加える。いい香りがしたら、青唐辛子、香菜、ヨーグルト、パウダースパイスと塩の半量を加える。

3

取り出しておいたヤクニ肉、ミント、ギーまたはバターを加え、全体を軽く混ぜたらヤクニを１カップ加え、中火で沸騰させる。

4

そのまま3分程度煮込んだら、水切りした米、ヤクニ3カップ、残りの塩を加える。

5

強めの中火で沸騰させ、ふたをして弱火で3分炊く。軽く全体を混ぜ、さらに3分炊く。

Finish

6

鍋底にくっつかないよう軽く混ぜたら、弱火で8分炊き、火を止め、10分蒸らして完成。

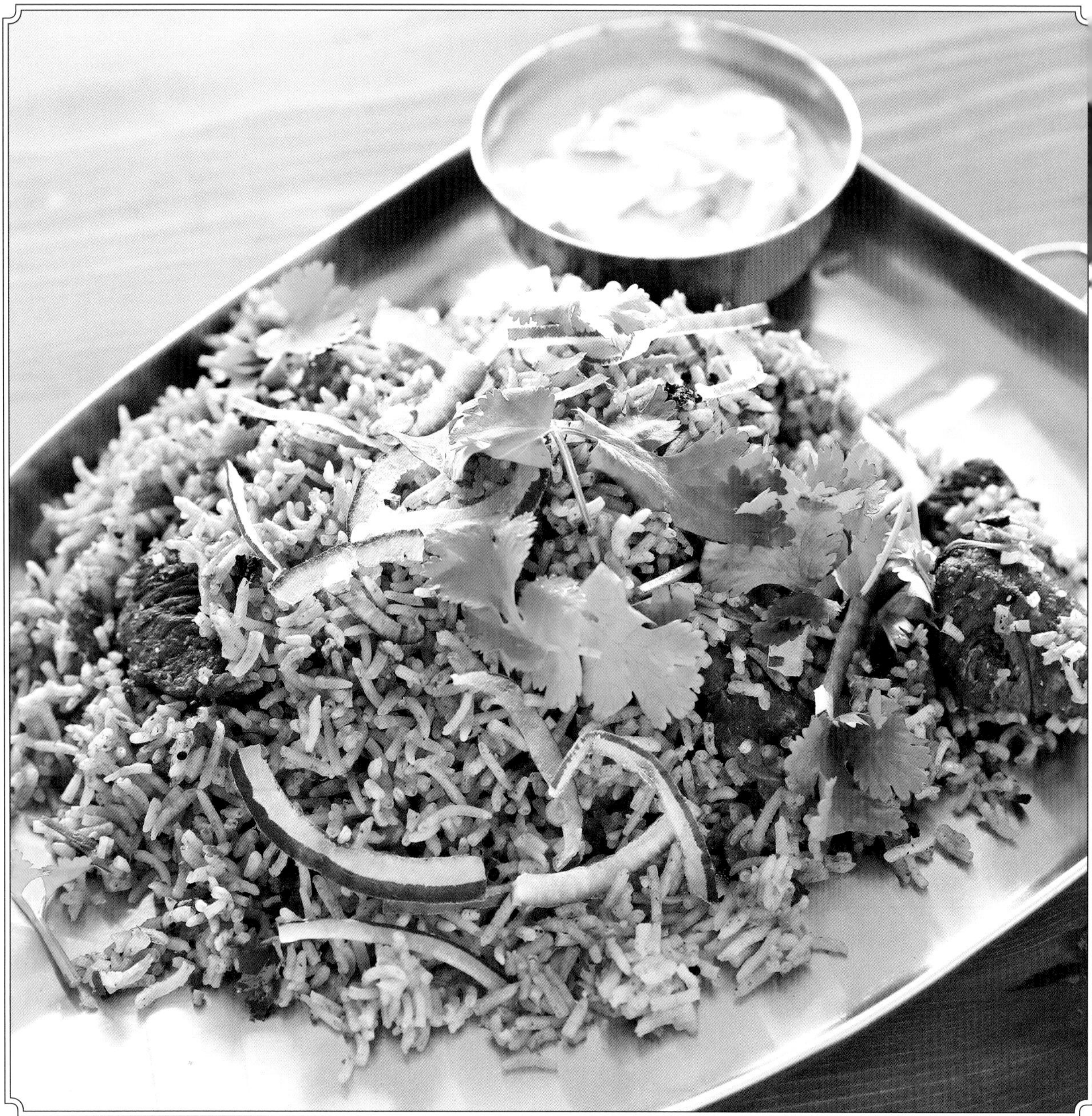

上級編 | E | 現地スタイルを体験したい人へ

South Indian Boiled Mutton Biryani

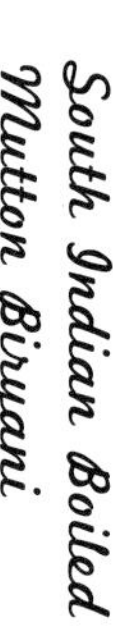

渡辺玲直伝

南インドのボイル式
マトン・ビリヤニ

じっくりと煮込んだマトンのうま味がポイント。
味のシミたバスマティライスがおいしいです。
ボイル式なので鍋の中を確認しながら作っていきましょう。

材料（4人分）

【ステージ1】
- ◉一口大にカットしたマトンやラム肉 …… 400g
- ◉玉ねぎ（スライス） …… 1個分
- ◉ジンジャー・ガーリック・ペースト
  （しょうがとにんにく同量のすりおろし）…… 大さじ1
- ◉カットトマト缶
  …… 1/2カップ（生トマトならば粗みじん切り1個分150g）
- ◉プレーンヨーグルト …… 1/4カップ
- ◉ココナッツファイン …… 大さじ2
- ◉塩 …… 小さじ2
- ◉植物油 …… 大さじ3
- ◉水 …… 100cc
- ◉カレーリーフ …… 20枚程度
- ●ホールスパイス
  - ・マスタードシード …… 小さじ1
  - ・グリーンカルダモン …… 4粒
  - ・シナモンスティック …… 3cm
  - ・クローブ …… 4粒
  - ・ブラックペッパー …… 8粒
  - ・シナモンリーフ …… 1枚
- ●パウダースパイス
  - ・ターメリック …… 小さじ1/4
  - ・レッドチリ …… 小さじ2
  - ・コリアンダー …… 小さじ2
  - ・クミンパウダー …… 小さじ1
- ●仕上げのスパイス
  - ・ガラムマサラ …… 小さじ1/2

【ステージ2】
- ◉バスマティライス …… 450g
- ◉水 …… 300cc（米150gにつき100cc）
- ◉ギーかバター …… 30～45g（米150gにつき10～15g）
- ◉ミント（ざく切り） …… 5g
- ◉香菜（ざく切り） …… 10g
- ◉塩 …… 小さじ1と1/2（米150gにつき小さじ1/2）
- ●ホールスパイス
  - ・サフラン …… 45本程度　水大さじ2に浸ける

下準備 バスマティライスを30分程度浸水させ（冬は1時間）、全体が白くなったら、ざるにあげて水切りしておく。

作り方

STAGE 1 南インド式マトングレービー（トマトベース）を作る

Start

1 油を鍋に入れ中火でホールスパイスを加え、油にスパイスの香りを移す。マスタードシードがはじけたら、玉ねぎとカレーリーフを入れて強めの中火で炒める。だんだん火を弱めながら、玉ねぎが色づくまで10分程度炒める。

2

弱火にしてジンジャー・ガーリック・ペーストを加える。中火にして、トマトとココナッツファインを加える。弱火にしてヨーグルトとパウダースパイスと塩を加える。

3

100ccの水を加え、強めの中火で沸騰させる。２分ほど煮込んで表面に脂が浮けばグレービーのベースの完成。マトンやラム肉を加え、かき混ぜながら炒めるように５分煮る。

4

肉の表面の色が白く変わったら、分量外の水400ccを加え、強めの中火で沸騰させる。ふたをして弱めの中火で、肉がやわらかくなり、グレービーがトロリとなるまで煮る。煮詰まりそうになったら、差し水をする。

5

45～60分後、肉がやわらかくなったら、ふたを取り、少し火力を強め、少しトロミがつくよう煮詰める。ガラムマサラを加えて、ひと煮立ちさせたら、グレービーの完成。

STAGE 2 米を加え、グレービーといっしょに炊き込む

1

ピッタリとふたのできる厚手の鍋を用意する。鍋にグレービー、水、ミント、香菜、ギーかバター、塩、サフランを浸けた水ごとを入れ、火にかける。

2

強めの中火で沸騰させ、沸騰したら水切りした米を加えて軽く混ぜ、再び沸騰したら弱火にしてふたをして煮込む。ときどきふたを開け、水分の飛び具合と米の吸水状況を確認し、その都度火加減を調整する（基本的に常に弱火）。

Finish

3

15分程度で、火を消し、さらに10分ほど蒸らして完成。下と上を返すように大きく中味をかき混ぜてから盛りつける。

渡辺玲さんに聞きました

ビリヤニの魅力ってなんですか？

聞き手・水野仁輔

渡辺 玲 / Akira Watanabe

都内・西荻窪でクッキングスタジオ「サザンスパイス」を主宰。著書に『スパイスの黄金比率で作るはじめての本格カレー』（ナツメ社）、『カレーな薬膳』（晶文社）など。レトルトカレーなどの商品開発も手掛ける。

水野（以下Ⓜ） 渡辺さんはインド料理歴が本当に長いですが、ビリヤニをどう捉えているんでしょうか？

渡辺（以下Ⓦ） インドの北の方は小麦粉を食べる人が多いですよね。そういう人たちが、ここぞというときはビリヤニを出してくる。やっぱりアジアの人たちなんだな、と。そういう点で30年前から興味を持っていました。非常に手間がかかる料理でもあるので、シェフの人たちもビリヤニを作るときは気合いを入れて臨む人たちが多かった。土地、土地にさまざまなビリヤニがあるわけですね。その面白さもあったし、国内線の機内食だったり、駅弁的なものでも定番なんですね。

Ⓜ 一発で食事が完結するっていうのはいいですよね。

Ⓦ ワンプレートで提供できるし、特にノンベジ（非菜食主義者）の人たちはビリヤニが出てくると喜びますから、華のある料理です。一方で、30年以上前は日本にバスマティライスが入ってきませんでしたから、ビリヤニらしいビリヤニを作ろう、食べようと思っても、そういう機会っていうのは日本であまりなかったんですね。

Ⓜ 『アジャンタ』（※1）のビリヤニは炊飯器で炊いていたんですか？

Ⓦ オーダーが入ると炊けている米を皿にもって、フライパンにバターを入れます。それからピーマンをきざんだやつをちょっと入れてカレーを足すんですね。グツグツってなったところに、米を入れて、チャーハンみたいに煽って、コーティングしたところに、カレーのお肉と、玉ねぎのスライスを乗っけるみたいにして、できあがり。

Ⓜ バスマティライスでちゃんとしたビリヤニを教わったのはフセインさん（※2）からですか？

Ⓦ そうです。

Ⓜ オールドデリー式ですか？

Ⓦ そうでしたね。『アジャンタ』に入って、初めて遊びにいったのは、フセインさんの自宅なんですよ。そのときにビリヤニを作ってくれました。

総合芸術的なものなんですね

Ⓜ おもてなしの感覚なんでしょうね。

Ⓦ そのときはやっぱりバスマティライスなんですよね。チキンビリヤニを作ってくれました。ヨーグルトとかを使ってマリネしたチキンを合体させる。正統派のビリヤニというのを食べて「これ、うまいな」と。お店でまかないやるときも、たまにビリヤニを作るわけですよ。みんな喜びますね。マトン・ヤクニ・ビリヤニっていう手のかかるビリヤニを作ってくれました。

Ⓜ インドで食べたビリヤニはハイデラバードが好みだったんですか？

Ⓦ もともとはコルカタ（※3）のビリヤニが一番好き。初めて行った外国がインドで、コルカタ。35年くらい前かな。イスラムの人たちが住んでるエリアに安食堂があって、そこでビリヤニを食べたら、おいしかった。

Ⓜ 思い出の味に近い。

Ⓦ そうそう。もともと、ビリヤニは北インドのものだっていうイメージがあったんだけども、実際に行ってみると、南インドのビリヤニっていうのは奥深いものがあって、日本に知られていないものが多かった。インド南部・コーチンのシーフードビリヤニとかはおいしいものが多いですからね。非常に面白いなと思いました。

Ⓜ 今は渡辺さんにとってビリヤニは、どういう位置付けですか？

Ⓦ インド料理だけどインド料理じゃないみたいな感じもありますね。

Ⓜ イスラム教という異文化の流入がなかったら、生まれていない料理だからでしょうか。

Ⓦ イスラムの流入がなかったら、形は変わっていたものだと思います。ここ何十年の間にも変わってると思うんですね。インド料理の中でひと皿で全部主食をまかなえる料理って割と少ないんですよね。その面白さっていうのがある。

Ⓜ 複数のカレーや副菜で提供されるのがインドの食文化ですもんね。

Ⓦ 色んなものをアッセンブル（組み立てる）して食卓ですよってするのが、インド料理なんだけど、ビリヤニはひと皿だけで出てくるので、その完成度を競うっていうのは他ではあまりないですね。

Ⓜ 複数の料理を組み合わせて味わいを変えるのがインド料理の自由度だとすると、ビリヤニは極めて自由度が低い。そのたったひと皿を完璧に仕上げられなかったら、提供できないじゃないですか。

Ⓦ そういった点ではすごくシビアな料理ですね。独特の緊張感じゃないけど、クオリティの高さを競おうと思ったときに、他のインド料理のように逃げ道がない。

Ⓜ それを料理教室で教えているんですもんね。

Ⓦ ビリヤニは3つくらいの工程に分かれるわけで、カレー（グレービー）を作る、ご飯を茹でる、合わせて炊く。他の料理の3倍くらいの労力がかかる。どれもそつなくビシッとまとめて、最終的にどれだけおいしくさせるかってことになる。「総合芸術」的なものなんですね。知識と経験と技量が要求されるわけです。だから教えがいもあるし……。

Ⓜ うまい人とそうじゃない人の差も出やすい。

Ⓦ フセインさんもそうだけど、名人といわれる人たちっていうのは、塩や水の量とかさりげなくやってんだけど、計算しつくされている世界で非常に論理的ですね。ハードルが高いところも面白いんだけども、インド料理の中で華のあるメニューだし、面白いメニューの最たるもののひとつかなと思いますね。

Ⓜ 「総合芸術」って表現はすごくよくわかります。特殊な料理ですね。

Ⓦ 雑誌の取材で水野さんと一緒にインドへ行ったときも色々なビリヤニを取材しましたよね。でも日本人が普通に作れるように、レシピをうまく翻訳するまでに10年近くかかっている。

Ⓜ それが今回、改めてお披露目できるっていうのは、感慨深いものがありますね。

（※1）1954年創業の日本のインド料理店。渡辺玲氏はここで働いていた。
（※2）『アジャンタ』の元料理長。（※3）旧カルカッタ。

番外編

大澤孝将の大量調理

15人分の マトンビリヤニを作る

特級編

G 大量に作ってパーティしたい人へ

ビリヤニは大きな鍋で大量に作ってこそ、
そのおいしさがわかります。
ビリヤニハウス・大澤氏のビリヤニへのこだわりを見ていきましょう。

15人分の材料

- ◉マトン（ハジババマトンミックス）……3kg
- ◉植物油A（マトン煮込み用）……3ℓ（3000cc）
- ◉玉ねぎ（スライス）……700g
- ◉植物油B（フライドオニオン用）……3ℓ（3000cc）
- ◉ホールトマト缶……600g
- ◉プレーンヨーグルト（ナチュレ恵）……600g
- ◉にんにく（すりおろし）……1.5株
- ◉しょうが（すりおろし）……にんにくと同量
- ◉綿実油……150g
- ◉塩……小さじ1
- ◉ビリヤニマサラ（Ahmed Bombay Biryani Masala・パウダーのみ）……90g
- ●ホールスパイス
  - ・ブラックペッパー……6g
  - ・クミン……15g
  - ・シナモン……20g
- ●パウダースパイス
  - ・コリアンダー……25g
  - ・クミン……10g
  - ・レッドチリ……6g
  - ・ターメリック……5g
  - ・カルダモン……3g
  - ・クローブ……3g
  - ・ナツメグ……3g
- ●トッピング用
  - ・香菜……5株
- ◉バスマティライス（ラルキラ・トラディショナル）……1.8kg
- ●米茹で用
  - ・水……7ℓ（7000cc）
  - ・塩（ゲランド・塩分86%程度）……220g

ビリヤニハウスへようこそ

都内某所に「ビリヤニハウス」というシェアハウスがあります。ここを運営するのが大澤孝将氏です。

Mutton Biryani

大量調理の 作業工程

マトンビリヤニはA～Eの5つの工程から成り立っています。大量調理の場合はこの5つを同時並行で行うのです。5つの工程が最後に合わさり、おいしいビリヤニができあがります。

工程D
ベース

A～Cの工程はベースにつけ加えていく要素でしかない。この味が中心になり、ビリヤニの味と香りが決まっていく。

鍋

工程A
マトンコンフィ

マトン・油

油煮

工程B
フライドオニオン

玉ねぎ・油

フライドオニオン

玉ねぎの揚げ具合はうま味とコクを出す大きな要素となる。揚げすぎると苦味が出るので、その寸前の揚げ具合を目指す。

工程C
ビリヤニマサラ

スパイス MIX

油炒め

GG（ジンジャー・ガーリック・ペースト）炒め

工程E
バスマティライス

生米

浸水

ボイル

バスマティライスは繊細なお米のため、丁寧に扱う。温度低下を防ぐため、素早く鍋のグレービーにかぶせることも重要。

トマト・ヨーグルト

グレービー

炊くときは蒸気が逃げないように鍋を密閉することが大事。そして、鍋全体をどれだけ温められるかがおいしさを左右する。

炊く

完成

大澤孝将の ビリヤニ作りのこだわり

ラルキラ・トラディショナル

バスマティライスは「ラルキラ・トラディショナル」を使う。他のブランドに比べて香りがよく、パラパラした食感になる。

塩はちょっと贅沢に

使う塩は「ゲランドの塩」。フランス、ブルターニュ地方のゲランド産の塩で、手作りで作られる。マグネシウムが多く、米をおいしく炊き上げる。

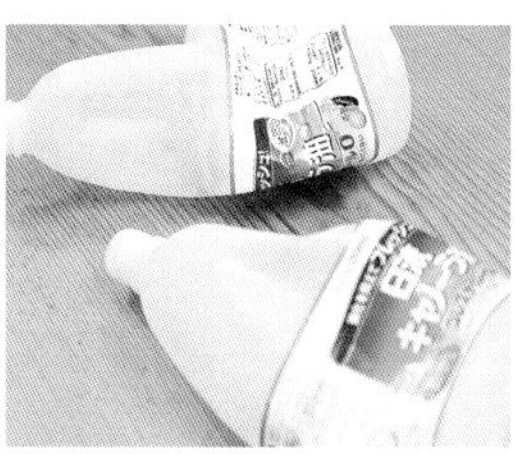

油は惜しみなく使う

今回のレシピで使う油は6ℓ以上。油を多めに使うことで揚げムラを作らず、色もきれいに。じっくり揚げることで味を閉じ込める。

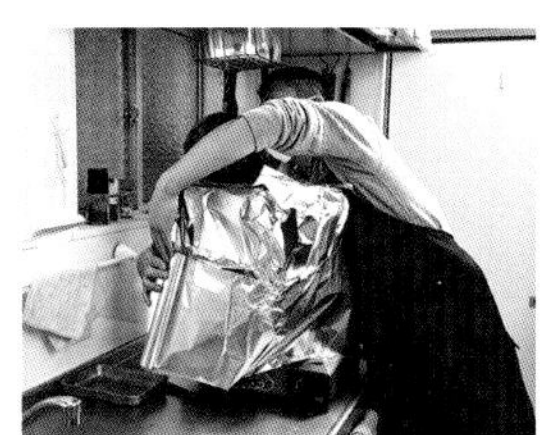

ホイルでグルグル巻き

炊き上げるとき、鍋を背の高い五徳で持ち上げる。そのまわりをアルミホイルでグルグル巻きにすることで熱が鍋全体に行き渡るようにする。

ビリヤニ鍋

インドでは「デーグ」とも呼ばれる壺形の鍋。炊き込むときに鍋内で対流が作られ、外気も入りづらいので温度が下がりにくい。

試作メモがたくさん

さまざまなビリヤニを作る大澤さんのキッチンには試作レシピのメモがたくさん。牡蠣ビリヤニやアナグマビリヤニなど変わり種も多い。

ヨーグルトはこれでないと

ヨーグルトは、雪印メグミルク「ナチュレ恵」一択。このヨーグルトが販売終了になったら、ビリヤニはもう作らないと語るほど。

香菜は若摘み

香菜は若摘みのものを使う。茎が太くなく、小ぶりで葉も瑞々しいものを選ぶ。味も香りもこれが一番！

盛りつけは素早く

ビリヤニが一番おいしいのは炊きたて。ビリヤニができあがるとすぐさまふたを開けて、どんどん盛りつけていく。

「マトンはネック（首）入りで
シャンク（すね）の入っていない
骨付きマトンミックスを使う」

STAGE 1 ｜ グレービーを作る

A マトンコンフィ

1 鍋にマトンと油を入れてざっと混ぜ合わせる。2 沸騰させてから弱火で肉の硬さ（月齢）に合わせて煮込む。ときどきふたをあけて混ぜながら。今回は2時間30分（沸騰まで15分）煮込んだ。3 やわらかくなったらざるで濾（こ）し、油とマトンを分けておく。肉汁も取っておく（煮油が入らないようできるだけ取り除く）。

2

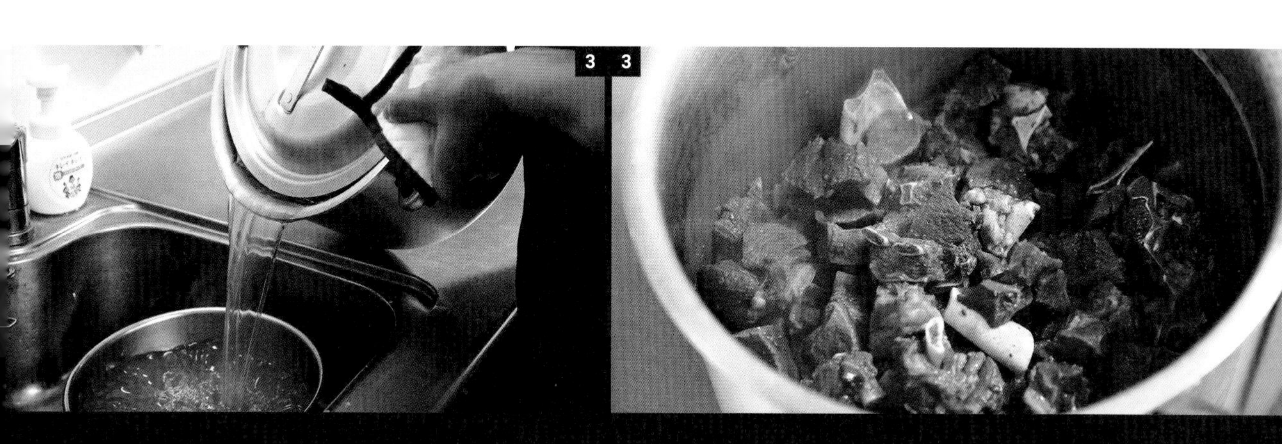
3
3

「フライドオニオンはじっくりと、
揚げ過ぎるくらいが一番」

B フライドオニオン

1 鍋に油を熱し、スライスした玉ねぎを加え、120℃ほどの温度で35分ほど揚げる。2 こんがりと深く色づいたら、ざるに上げてレードルなどでギュッと押さえて油を切り、バットに広げる。蒸気を逃がし、パラッとさせておく。

2

C ビリヤニマサラ

ホールスパイス、パウダースパイス、市販のマサラをブレンドする。一部のホールスパイスはミルで挽く。

「インド料理は調和の料理。何かのスパイスが突出しているのではなく、
全体的にバランスが取れているのがいい」

1

2

3

4

D ベース

❶ 鍋に綿実油を熱し、ビリヤニマサラを加えて中火で炒める。❷ GG（にんにくとしょうが）ペーストを加えて弱火でじっくり、ときどきかき混ぜながら22～23分ほど炒める。にんにくの香りがなくなったらOK。❸ 大鍋にトマトとヨーグルトピューレを入れ、ベースを混ぜ合わせて煮詰める。❹ マトンと肉汁を加えて混ぜ合わせ、ふたをして煮る。❺ フライドオニオンを手で揉んで細かくし、大鍋に加えて混ぜ合わせる。

**「ペーストのにんにくに
焼き色をつけるイメージで
メイラード反応するまで炒める」**

5

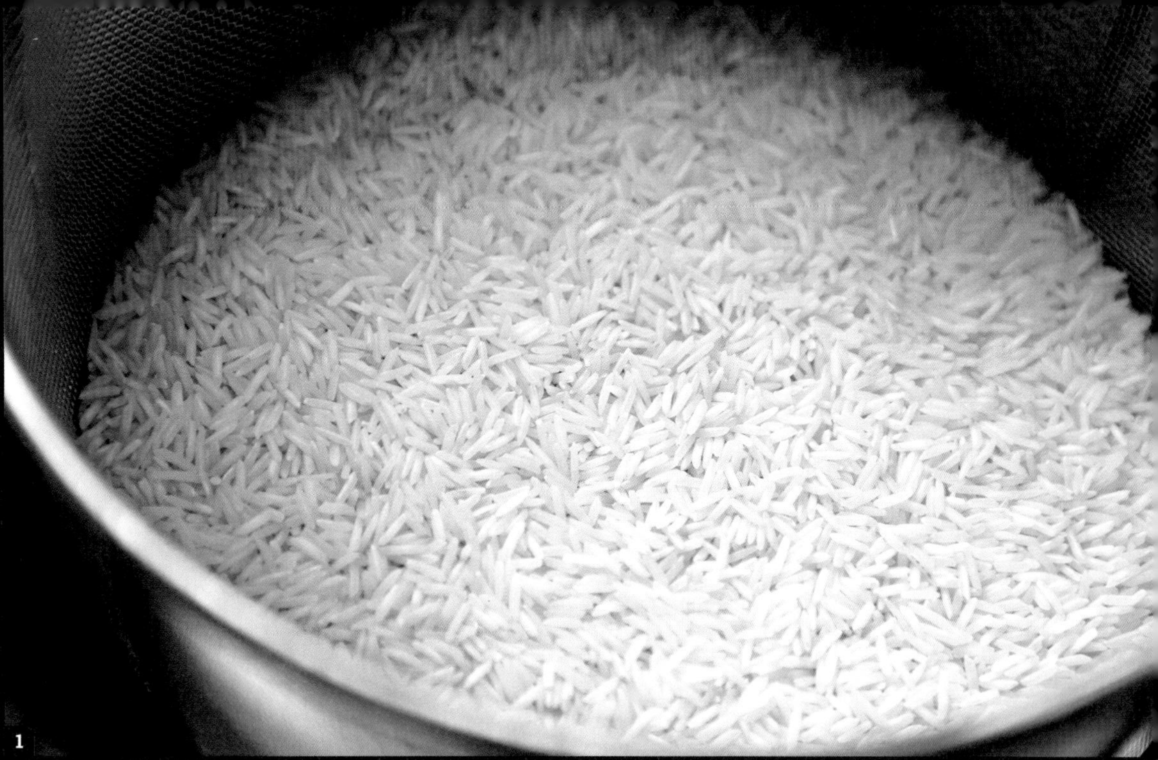

1

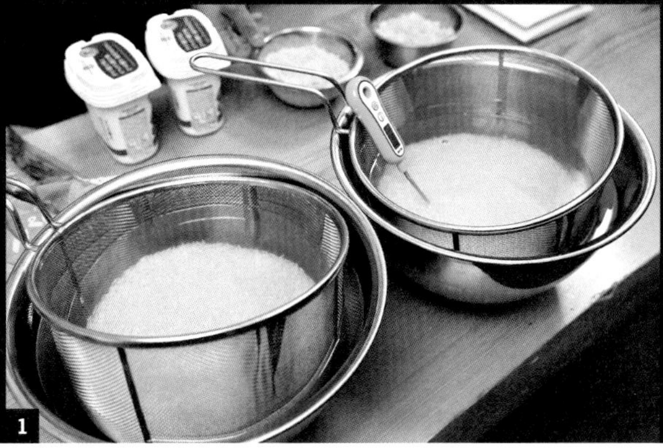

1

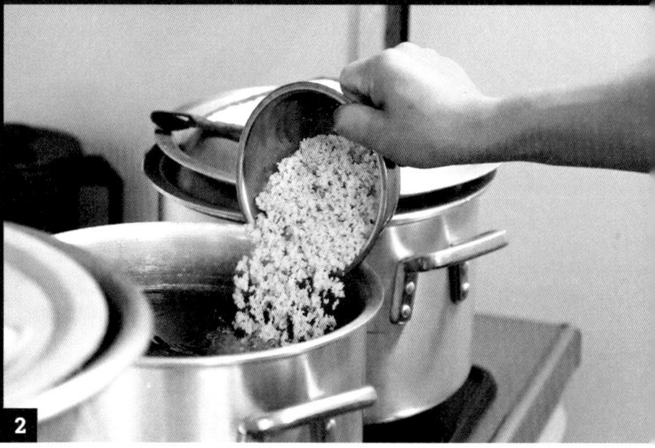

2

「大鍋で一気に米を茹でると
茹で時間を細かく管理できないため
半分（900g）ずつ茹でる」

2

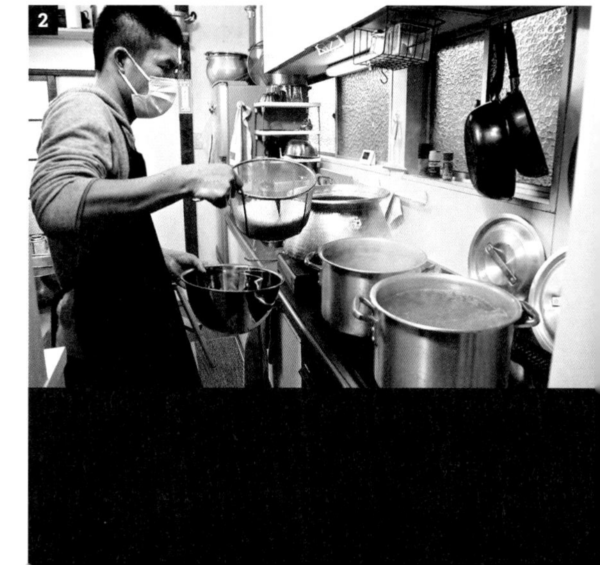

STAGE 2 | 米を準備する

E バスマティライス

1 米を計量し、浸水し、ざるにあげておく。2 茹で用の水を鍋でグツグツと煮立て、2.7%の塩分濃度になるように塩を溶かし混ぜ、米を加えて5分（再沸騰まで1分）茹でる。

STAGE 3｜合わせて炊く

1 小麦粉と水（ともに分量外）をこねて生地を作り、密閉性を高めるために大鍋のふたの内側につけておく。温度計を設置する。**2** 茹でた米をざるですくって大鍋にすべて加える。**3** ふたを密閉し、アルミホイルでまわりをグルグル巻きにする。そのまま極弱火で30分（底が焦げず100℃に達するまで）炊く。**4** ふたを開け、盛りつける。

2

1

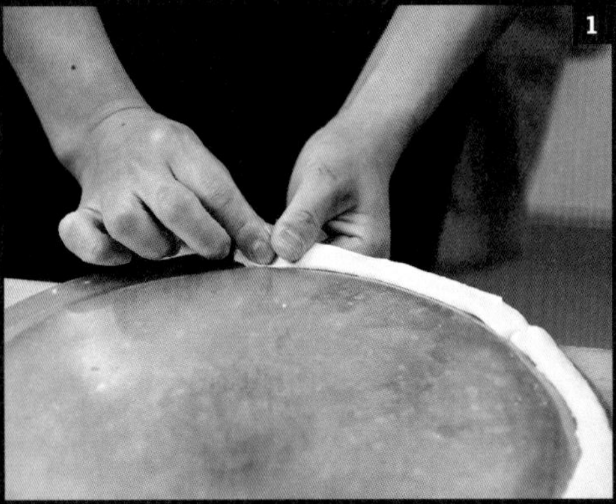

1

2

大澤孝将さんに聞きました

ビリヤニの魅力ってなんですか？

聞き手・水野仁輔

大澤孝将 / Takamasa Osawa

日本ビリヤニ協会の創始者であり、初代会長。現在はビリヤニが食べられるシェアハウス「ビリヤニハウス」を運営。同所で不定期でビリヤニを提供している。Facebookで告知をすると、たちまち予約でいっぱいになるほどの人気ぶり。2021年6月に、東京・神田に念願のレストラン「ビリヤニ大澤」をオープンする予定。

水野（以下Ⓜ） ビリヤニはもう大澤さんのアイデンティティみたいになっている印象ですが、キッカケはなんですか？

大澤（以下Ⓞ） 2009年末にインドに行ったんです。南インドに2〜3週間くらいいたんですけど、南インド料理があまり好きじゃなくて、何を食べてもおいしくないなって。タミル・ナードゥ州のコヤンバトゥールっていうマイナーな都市にしばらくいたんですけど、「ビリヤニ」って書いている看板があって、食べてみたら、すごくおいしかったんですよ。それ以降、ビリヤニを毎食ひたすら食べました。

Ⓜ それは何ビリヤニだったんですか？

Ⓞ タミルビリヤニですね。なんなら汁かけちゃう感じのビリヤニでしたね。

Ⓜ わりとさっぱりしてるほうの。

Ⓞ そうですね。そもそも味つきのご飯が大好きなんですよ。大学で1人暮らしのときに、チャーハンを1日3食、1週間食べていたくらい。

Ⓜ チャーハンは自分で作ったんですか？

Ⓞ そうですね。もう材料全部ストックして、仕込みして、いつでも冷蔵庫開けたらチャーハン作れるみたいにしていました。

Ⓜ 自分なりにチャーハン道を突き詰め始めたりとかするわけですか。

Ⓞ そうですね。

Ⓜ 大澤さんがビリヤニを作るのを見ていると、自分なりに蓄積した美意識みたいなものを強く感じるんですよね。

Ⓞ もともと完璧主義者なんです。100点を出したいのに料理って100点が出せない。今日はおいしかったけど、94点だな。残りの6点なんだろう、みたいな。次に作ってみたら95点になったけども、あと5点を縮める方法がわかんない。

Ⓜ 米料理が好きというベースがあって、ビリヤニとの出会いがヒットした可能性が高い。

Ⓞ そうですね。ビリヤニも「なんでこんなおいしいものがあるんだ！」ってくらい、喜んで食べ

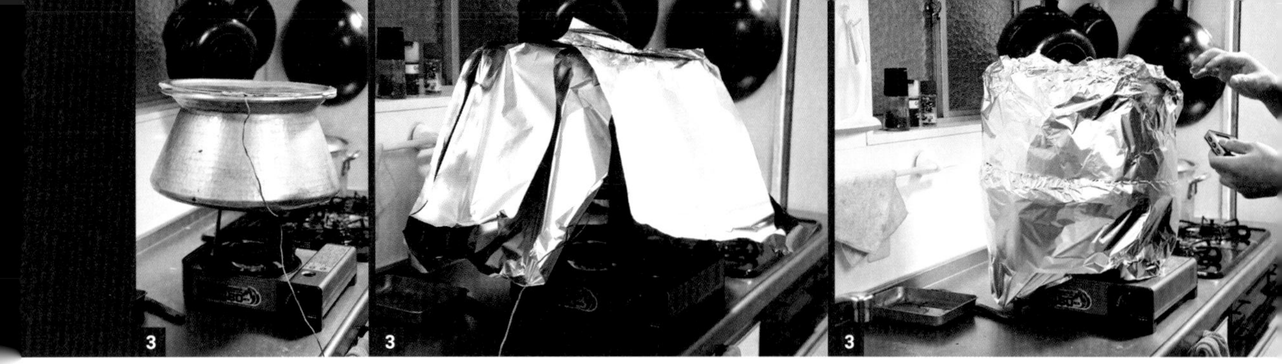

「米が炊ける温度帯（100℃）に達する過程でグレービーを米が吸ってくれる」

4 4

ていたんですよ。当時は結構量が食べられたので、インドでは1日4食くらいは食べていました。そのうちビリヤニがメインになっちゃって、街行く人に「おいしいビリヤニはないか」と尋ねたんです。電車で遠くまで行った田舎町で近所の人がワラワラ集まるような掘っ立て小屋のビリヤニ屋があって、そこのビリヤニが本当においしかった。

Ⓜ それは口コミで聞いたお店なの？

Ⓞ 駅を降りて、リキシャの運転手に「おいしいビリヤニはないか？」って聞いたら黙って走り出した。今思うと大したことないビリヤニなんですけど、ふるさとの味みたいな。実際はプラオに近いんですけど、汚いバナナの葉に置いた米の上にグレービーというか、お肉とシャバシャバのスープをびしゃっとかけてくれる。本当においしくて、おかわりしたくらい。

Ⓜ ビリヤニ魂に火がついた。

Ⓞ そうですね。インドに3週間行って、ビリヤニ食べまくって、帰りのデリーの空港とかでも食べてたんですけど、日本に帰ったらビリヤニが全然ない。インド料理店に入ってビリヤニを注文するんですけど、出てきたのがチャーハン。当時はチャーハンビリヤニしかなかったんですよ。

Ⓜ 10年ちょっと前ですもんね。

Ⓞ インドでビリヤニをずっと食べていたからチャーハンビリヤニに幻滅して、何店舗か食べたけどダメで、どうしたらいいんだって聞いたら人数を集めれば、ちゃんとしたビリヤニを作れるって言う。それで人数集めて、お店を貸し切ってビリヤニパーティをあちこちでやっていたんですよ。

Ⓜ その流れで、いつしか自分で作る方向へ進んでいった。

Ⓞ 経堂でシェアレストランという形で週2日、『ビリヤニマサラ』っていう名前で営業を始めた。僕のビリヤニのベースは完全にそこですね。僕はもともと、会席料理みたいに少量多品目が嫌いなんです。高校から20歳くらいまで、すごく大食いだったんですよ。18歳くらいのときは1食4合は食べないとお腹いっぱいにならないぐらいだったんです。

Ⓜ 少量多品目に比べると、ビリヤニは一発の完成度が支配しますからね。

Ⓞ インド料理は足し算だと思っているので、これにあれを足したらもっとおいしくなるじゃん、という要素がたくさんある。スパイスだけのカレーに、にんにくやしょうがを入れたほうがおいしいし、トマトを入れたらもっとおいしくなる。おいしいを積み重ねた先にビリヤニがある。途中の段階でピークがあるならビリヤニを作るべきじゃないんですよ。

積み重ねた先に ビリヤニがある

Ⓜ パッキのグレービーができました。バスマティライスがおいしくフワッと炊けました。これを日本的にひと皿に盛って、カレー＆ライスで食べたら、これはこれでおいしいんだろうけれども、一緒に炊き上げてビリヤニにしたほうがはるかに料理としてのグレードが上がる。だったらそれはするべきだってことですよね。

Ⓞ 逆にもしそのグレービーがカレーとして食べたほうがおいしいグレービーだったら、そのビリヤニは失敗なんですよ。

Ⓜ ゴールをビリヤニに持ってきてるから、ビリヤニとして完成したときのために必要な味わいをイメージしているわけですね。大澤さんが今作っているビリヤニの自己採点は100点満点で何点ぐらいですか？

Ⓞ 90点台には乗ってるのかなと思いつつ、でもまだまだできることはある。

Ⓜ 残りの10点には大変な道のりがある。

Ⓞ おいしくするためにできることは全部やるべきかな。趣味で作るんなら中途半端なものでもいいけど、自分はそうじゃないから、もっと突き詰めるべきだと思っています。

Ⓜ まだまだ作りまくるんですね。

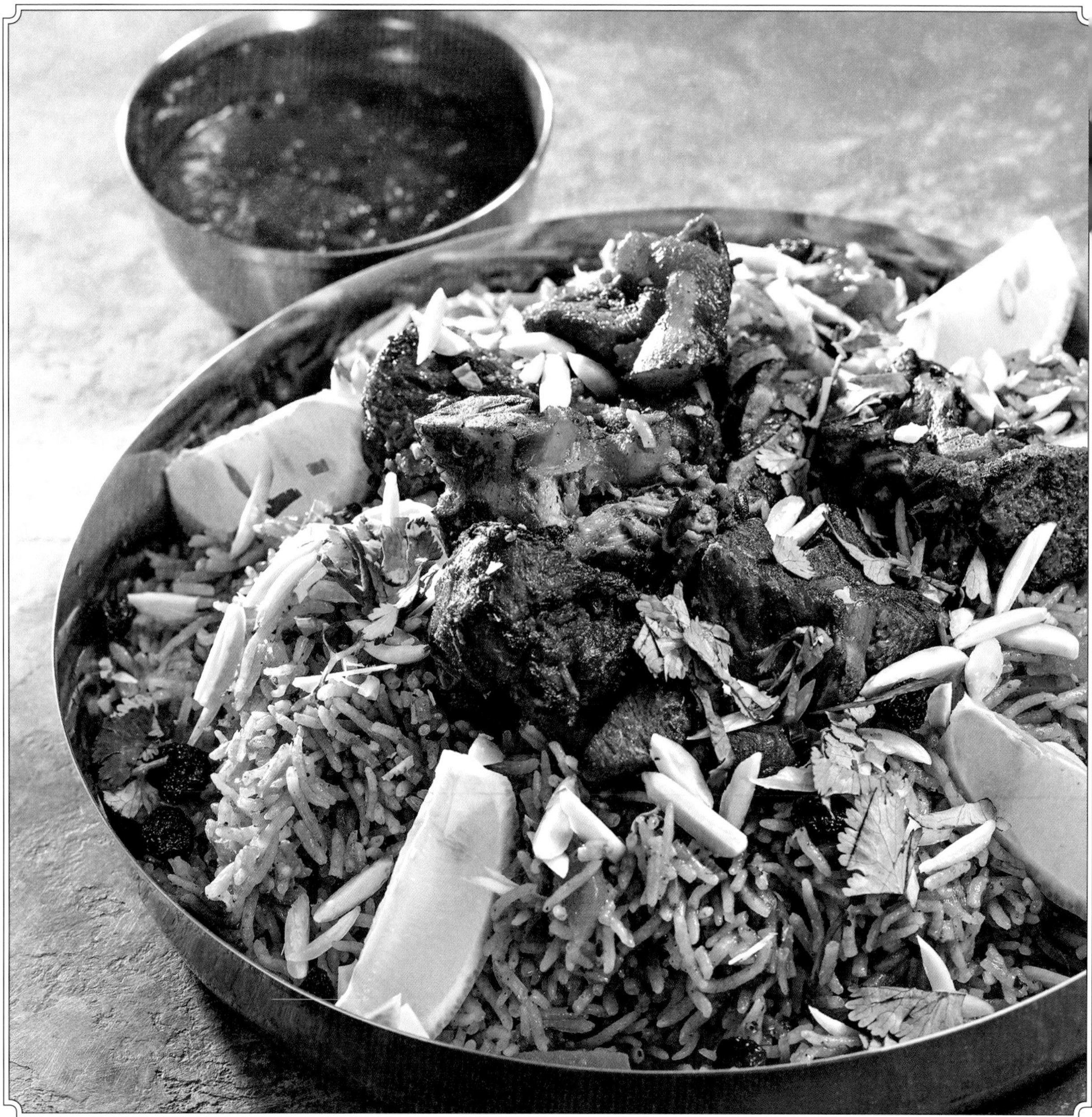

上級編　I　世界のビリヤニに興味がある人へ

Beef Kabusa

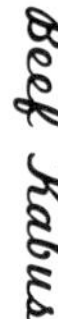

曽我部智史直伝

ビーフカブサ

サウジアラビアや西アジアで食べられている牛肉のビリヤニ。
サウジの国民食ともいわれており、
特製のカブサミックスと肉の香りが食欲をそそります。

材料（5〜6人分）

【ステージ1】
- ◉バスマティライス …… 500g
- ◉水（バスマティライス浸水用）…… 1ℓ（1000cc）
- ◉塩 …… 小さじ1/2
- ◉骨付き牛肉 …… 600g
- ◉にんじん …… 小1本 細切り
- ◉オリーブオイル …… 80g
- ◉バター …… 80g
- ◉塩 …… 小さじ1/4
- ◉玉ねぎ（スライス） …… 小1と1/2個
- ◉にんにく …… 6粒 みじん切り
- ◉トマト缶 …… 1カップ
- ◉シナモンリーフ …… 3枚
- ●カブサミックス …… 24g
  - ・ターメリック …… 1g
  - ・ホワイトペッパーパウダー …… 1g
  - ・パプリカパウダー …… 1g
  - ・ドライジンジャーパウダー …… 1g
  - ・コリアンダーシード …… 1g
  - ・ブラックペッパー …… 1g
  - ・ブラックカルダモン …… 1g
  - ・フェンネルシード …… 1g

（ホールスパイスは乾煎りして冷まし、パウダーに挽いて、他と合わせる）

【ステージ2】
- ◉水（グレービー調整用） …… 適量
- ◉塩 …… 小さじ2
- ◉オリーブオイル …… 80〜100g
- ●トッピング
  - ・アーモンド（水でふやかして皮をむいて、細切りにする） …… 適量
  - ・黒レーズン …… 適量
  - ・カットレモン …… 適量
  - ・香菜（ざく切り） …… 適量

下準備　バスマティライスを塩小さじ1/2を入れた水1ℓ（1000cc）の中に入れて20分以上浸水しておく。

作り方

STAGE 1　グレービーを作る

Start

1

細切りにしたにんじんを塩小さじ1/4とバターでしんなり炒め、バターの油ごと残しておく。

2

オリーブオイルを厚手の鍋に入れて中火にかけ、骨付き牛肉をしっかりと焼いて、鍋から引きあげる。

3

玉ねぎ、にんにくを鍋に入れて深めのキツネ色に炒める。トマトを加えてしっかり煮詰める。

4

骨付き牛肉とシナモンリーフを加えて2～3分炒める。カブサミックスを加えてさらに1分炒める。

5

水を加えて沸かし、ふたをして弱火で35分煮る。鍋のふたを外して肉を引きあげる。

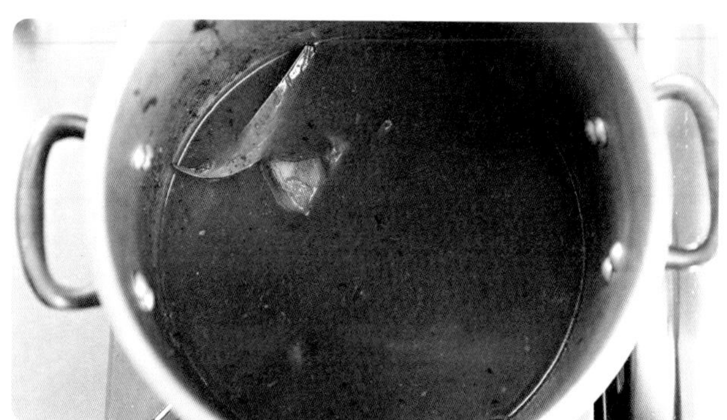

STAGE 2 カブサを炊く

1

1ℓ（1000cc）の水で浸水後、水を捨てずに計量カップで計り、米が吸った水分量を割り出す。（米が吸った水分量）＋（グレービー）＝1ℓ（1000cc）になるようにグレービーの量を調整する。

2

ステージ1のグレービーの鍋に米を加えて、塩、オリーブオイルを入れて、軽く混ぜながら沸かし、沸いたらふたをして弱火にして6分加熱。ふたを外して油ごとにんじんを米の上にまいて、再度ふたをしてもう6分ほど、米が炊けるまで加熱する。

3

引きあげた骨付き牛肉をこんがり焼く（オーブン、炭火、油で焼くなどなんでもOK）。

Finish

4

米が炊けたら火を止めて10分蒸らす。皿の上に、米、肉、にんじん、アーモンドとレーズンを盛りつけ、まわりにカットレモン、香菜をきれいに散らす。

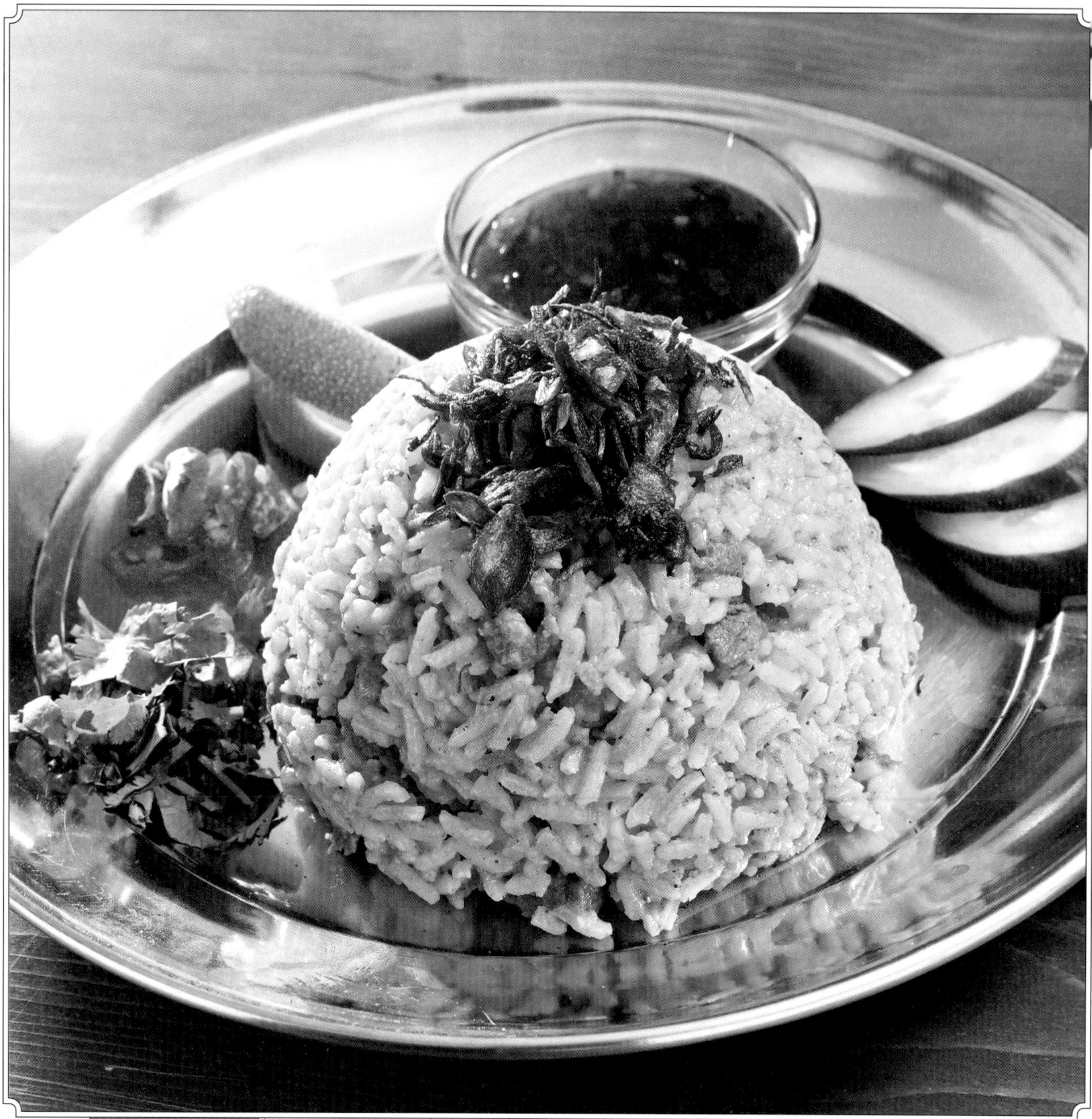

上級編 I 世界のビリヤニに興味がある人へ

Khao mok nua

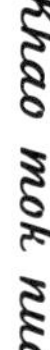

曽我部智史直伝

カオモックヌア（タイ風ビーフビリヤニ）

タイのビリヤニとも呼ばれ、
タイの高級香米「ジャスミンライス」を使用。
バスマティライスとはまた違った上品な香りが魅力です。

材料（4〜5人分）

【ステージ1】
- ◉牛肉（骨なし、薄切り） …… 500g
- ◉ターメリックパウダー …… 大さじ3
- ◉にんにく …… 6粒
- ◉しょうが …… にんにくと同量
- ◉ナンプラー …… 大さじ1と1/2
- ◉塩 …… 小さじ2/3
- ◉ヨーグルト …… 400g
- ◉ホムデン …… 10粒
- ◉ガラムマサラ …… 小さじ1と1/2
- ◉チリパウダー …… 小さじ1
- ◉粗挽きコリアンダーシード …… 小さじ3
- ◉ギー …… 80〜100g
- ◉植物油 …… 50g
- ●ソース
  - ・スイートチリソース …… 大さじ3
  - ・醤油 …… 大さじ1と1/2

【ステージ2】
- ◉ジャスミンライス …… 500g
- ◉サフランパウダー …… 1つまみ
- ◉チキンパウダー …… 大さじ1/2（現地では入れる人が多いが、無くても可）
- ◉砂糖 …… 大さじ2/3
- ◉塩 …… 適量
- ◉水 …… 1ℓ（1000cc）
- ●トッピング
  - ・フレッシュ赤唐辛子スライス …… 適量
  - ・キュウリスライス …… 適量
  - ・香菜（ざく切り） …… 適量
  - ・フライドホムデン …… 適量
  - ・カットライム …… 適量
  - ・ホムデン …… 適量

作り方

STAGE 1 グレービーを作る

Start

1

ターメリックパウダー、にんにく、しょうが、ナンプラー、塩、ヨーグルト、ホムデンをペーストして、牛肉と絡め、4時間以上マリネする。

2

厚手の鍋にギーを入れて、溶けてから油を加え、弱めの中火にかけ、温まったらマリネを入れてよく混ぜながら沸かし、ふたをして弱火にして20分煮る。途中でときどき混ぜる。

3

ふたを外してガラムマサラ、チリパウダー、粗挽きコリアンダーシードを入れてよく混ぜて、ふたをしてさらに10分煮る。

4

肉を引きあげて置いておく。

5

トッピング用にホムデンを揚げ、スイートチリソース、醤油を混ぜソースを作っておく。

STAGE 2 カオモックを炊く

1

ステージ1のグレービーの鍋を火にかけ中火にし、ジャスミンライスを入れて2〜3分炒める。

2

指の第一関節くらいまで水を加えて沸かし、サフランパウダー、砂糖、チキンパウダー、塩を加えて混ぜ、ふたをして弱火で炊く。

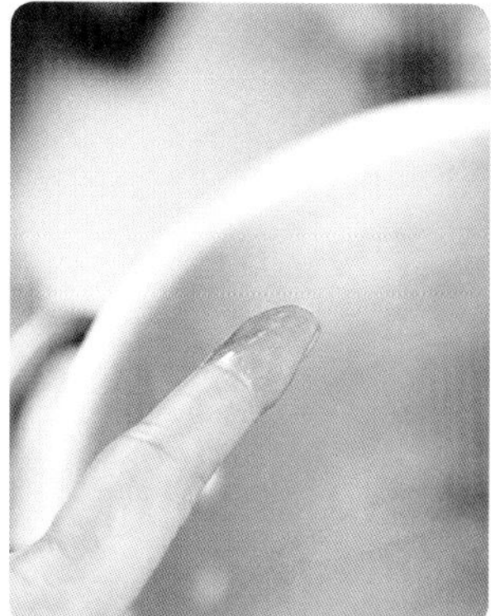

3

6分炊いたら、一度ふたを外して肉を乗せる。

Finish

4

再度ふたをして米が炊けるまで6分加熱し、炊けたら火を止めて10分蒸らす。トッピングやソースを添えるなどして盛りつける。

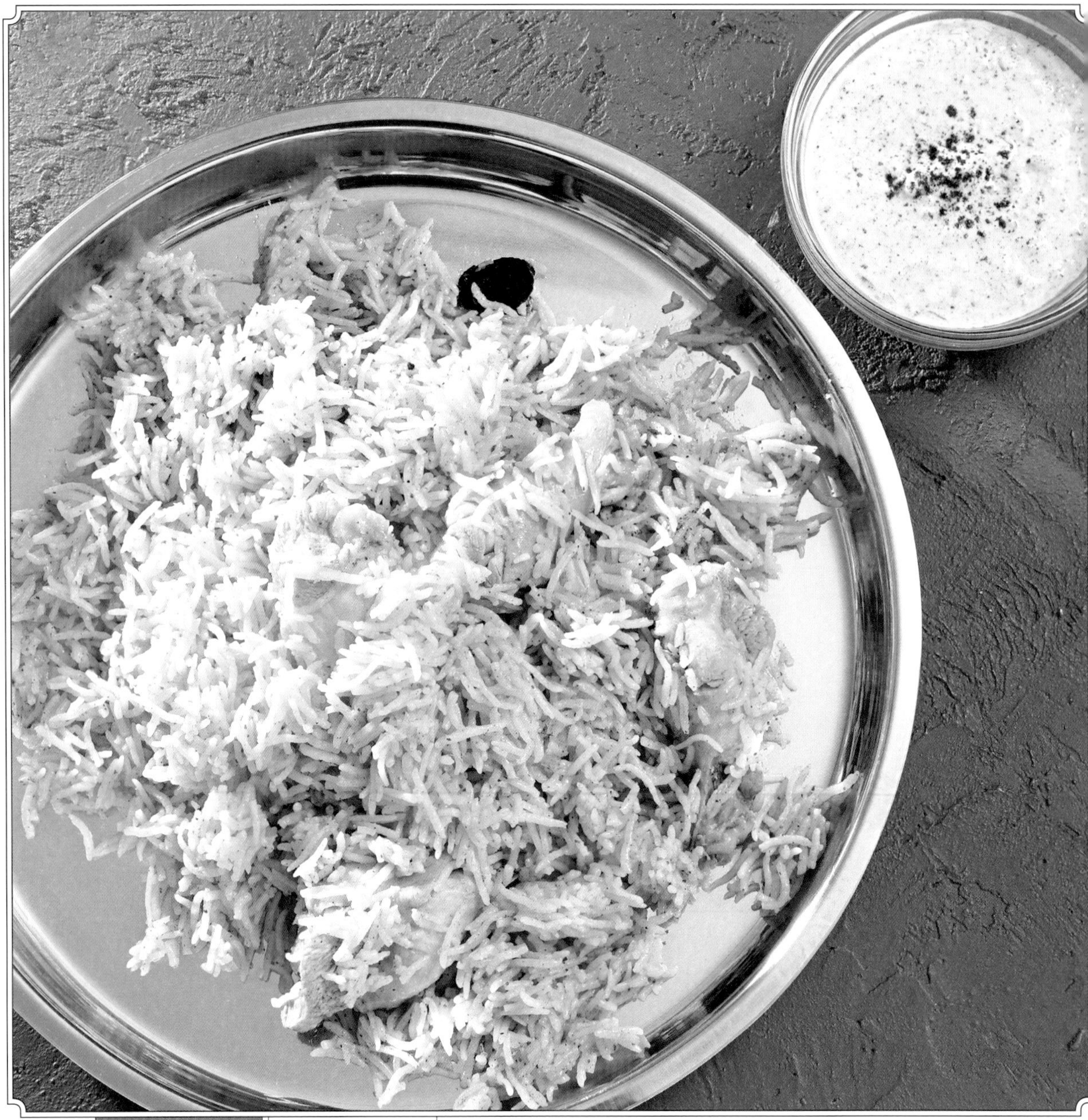

上級編　I　世界のビリヤニに興味がある人へ

White Biryani

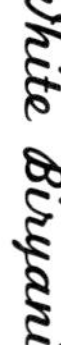

曽我部智史直伝

白ビリヤニ

バングラデシュや東インドで食べられている
白いビリヤニはさっぱりとした味で飽きません。
辛いものが苦手な人でも、ペロリと食べられます。

材料（5～6人分）

【ステージ1】
◉骨付き鶏肉……650g
◉ガーリック・ジンジャー・ペースト……大さじ2
◉グリーンチリ（きざみ）……1本
◉レモン汁……大さじ2
◉塩……大さじ1/2
◉ブラックペッパーパウダー……大さじ2/3
◉ローストクミンパウダー……大さじ2
◉植物油……80cc
●ホールスパイス
・シナモンリーフ……3枚
・シナモン……5cm
・クローブ……5粒
・カルダモン……5粒
・ブラックカルダモン……3粒

【ステージ2】
◉バスマティライス……500g
◉水……1ℓ（1000cc）
◉塩……小さじ1/3

下準備　バスマティライス を水1ℓ（1000cc）の中に入れて20分以上浸水しておく。

作り方

STAGE 1　マリネを作る

Start

1　骨付き鶏肉をジンジャー・ガーリック・ペースト、グリーンチリ、レモン汁、塩で20分以上マリネする。

2　鍋に油とホールスパイスを入れて中火にかけ、シナモンリーフが茶色く香ばしくなるまで炒める。

3

マリネした肉を入れて表面が白くなるまでしっかり炒める。

4

ブラックペッパーパウダーとローストクミンパウダーを加えて1分炒める。

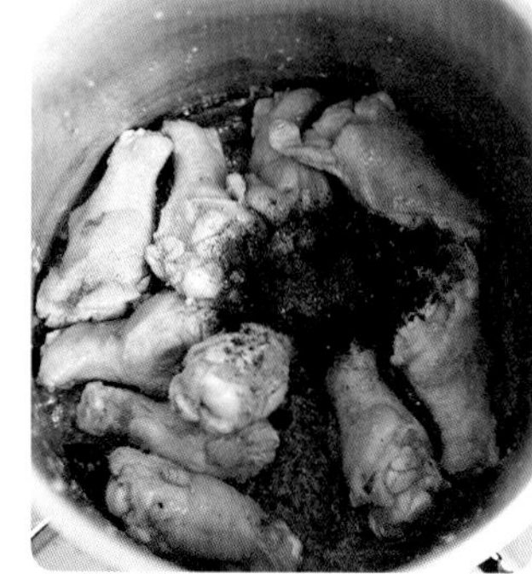

STAGE 2 ビリヤニを炊く

1

1ℓ（1000cc）の水で浸水後、水を捨てずに計量カップで計り、米が吸った水分量を割り出す。（米が吸った水分量）＋（炊く水の量）＝1ℓ（1000cc）になるように炊く水の量を調整する。

2

水を切った米を入れて2〜3分炒める。

3

1で調整した水と塩を加えて軽く混ぜながら沸かす。

4

ふたをして弱火で10分程度加熱する。

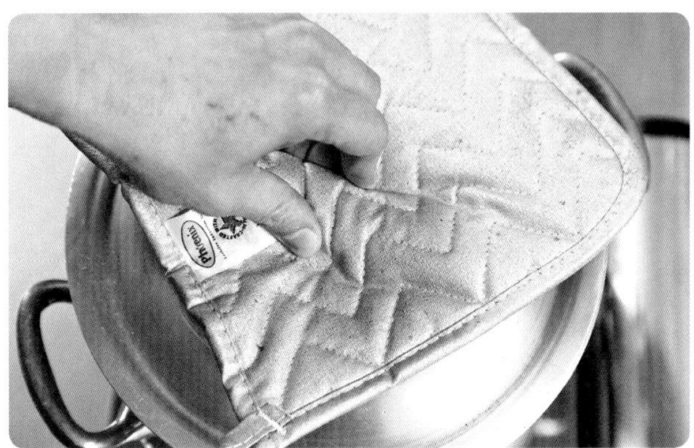

Finish

5

米が炊き上がったら火を止めて10分蒸らす。

曽我部智史さんに聞きました

ビリヤニの魅力ってなんですか？

聞き手・水野仁輔

曽我部 智史 /Tomofumi Sogabe

インド料理のイベント企画などを行う「Neo Culture」代表。著書に『ビリヤニの2割』。

『ビリヤニの2割』
冊子版：¥2500（税込）
PDF版：¥1500（税込）
冊子&PDF：¥3500（税込）
「Neo Culture」のHPにて問い合わせ、直接購入。

水野（以下Ⓜ） 最初に、ビリヤニとの出合いから、なんでビリヤニってものに魅せられたのかを伺いたいんですけれども。

曽我部（以下Ⓢ） 高校時代、広島の実家のすぐ近くに『タージ』っていうインド料理屋さんがあったんです。そこがめちゃくちゃおいしくて、バイトを始めたんです。週末になると、インド人たちがパーティをしにくるんですが、そこがシェフの腕の見せ所。よくリクエストされる料理のひとつにビリヤニがあったんですよ。フライパンにホールガラムマサラを入れて油で炒めて、スパイスでマリネした鶏肉を炒めて、バスマティライスを入れて炒めて水を入れて炊く。今回も紹介している白ビリヤニ（P.82）なんですよね。

Ⓜ　ビリヤニとの出合いは早かったんですね。

Ⓢ　「何それ？　めっちゃおいしそうやん！」って聞いたら、「ビリヤニ」って言われた。インド料理面白いな、と思ったんですよ。自分でスパイスをちょっとずつ買って、作るようになっていったんです。

Ⓜ　海外でのビリヤニ初体験は？

Ⓢ　大学時代ですね。東南アジアをぐるっと旅したんですけど、タイ南部のハジャイでカオモックを食べた。「これはビリヤニじゃん」って思って。タイに黄色いビリヤニあるんだ。ずっとビリヤニは白いものだと思っていたので、びっくりして。

Ⓜ　割と極端な例を体験して「ビリヤニって？」となった点が面白いですね。「？」がビリヤニの深みに誘ってくれた。

Ⓢ　色んな所でビリヤニを体験しながらパズルのピースが少しずつ揃って、全体像がフワッと見えてきたんですよね。

Ⓜ　この『ビリヤニの２割』って本はすごい情報量で、驚きました。体験したビリヤニの再現はどういうスタイルでやっているんですか？

Ⓢ　もうとにかく作るしかない。

Ⓜ　思い出して作るっていうこと？

Ⓢ　メモと記憶、写真。それでも確認できないと

きには英語でレシピをめっちゃ検索して現地の人が書いたレシピを参考にしたり。

M　100ページ以上まるまるビリヤニの本を出すってすごいことだけれど、ビリヤニの魅力ってなんですか？

S　ハイデラバードで食べたカリヤニビリヤニ、デリー・コンノートプレイスの『ヴェーダ』で食べたエビビリヤニもすごくおいしかった。でも日本で一番おいしいって思っているビリヤニが、実は日本米のチャーハンビリヤニなんです。鷺宮（東京都中野区）のインド・ネパール料理店『ラマ』のマトンビリヤニがめちゃくちゃうまいんですよ。そういう体験をすると、ビリヤニの幅を狭めてしまうのはもったいないなって思って。せっかく色んなビリヤニを幅広く見てきたんで。

M　ビリヤニが他の料理と違うところは何でしょう？

S　僕の地元ではカレー味のピラフを、“ドライカレー”と言うんですね。西日本ではそういうエリアが割と多いと思います。だから物心ついたときからドライカレーを食べた記憶はあったんですよね。

M　そのカレー文化は面白いですね。カレー粉入れて炊き込むんですか？

S　作り方はよくわからないですね。メニューにドライカレーって名前があって、それをもっぱら食べるみたいな感じ。

M　そうか、異国の食文化でありながら、生まれ育った環境での食事とリンクしている部分もあった。根底に共通項が潜んでいたのかもしれません。曽我部さんの本で例えるなら、ビリヤニの３割、３割５分みたいに、今後この世界が追求されていくと、独自の解釈が加わった結果、いつか日本の新しいドライカレーの形が発見されたりして。

S　もしかしたら日本のドライカレーとか、タイのドライカレーとか、インドのドライカレーとか、国ごとのメニューがあって、トッピングを自由に選んで組み合わせたりしていったら面白いかもしれませんね。

M　現地の色んな形式のビリヤニを掘ることと、日本人的に精緻化して、タイプ別に整理をしたり体系化をしようとしたりすることの両方のアプローチをしているから、ハイブリッドのオリジナルが出そうな予感がすごくします。ビリヤニを食文化として捉えるだけじゃなく、興味深い米料理として広く捉えている。

深みにハマっていく感じがいいですね

S　ドライカレーの素みたいなのをインド風に開発して、水を入れて炊飯器で炊けば新しいけど懐かしいみたいな味ができたら……と考えると夢がありますよね。

M　それにしてもここまでのボリュームでアウトプットして「まだ全体の２割です」っていうのが控えめだと思います。

S　本を作り終わった後に、企画段階のメモが出てきたんです。そこに「ビリヤニの３割」って書かれていて、すっかり忘れていたんですが、さらに謙虚になっていたんです。

M　僕も経験があるけれども、知れば知るほど、自信がなくなってくるんですよ。あれもあるし、これもあるしな、見方を変えればこうだよなとか。

S　まだ自分が扱えていない国で、スリランカとネパール、フィリピンがあるんですね。この国のビリヤニはまだわからない。東ティモールの辺りも未知だし、シンガポールはもっと掘れば独自のスタイルが浮かび上がってくる可能性もある。

M　でもこの『ビリヤニの２割』に関していえば、色んな土地や国にまたがってはいるものの、ビリヤニっていう切り口に対する曽我部さんのアプローチはオリジナル。だからその視点では、ビリヤニをわかりたいと思って探求すればするほどビリヤニはわからなくなる、という点が面白い。

S　そうですね。深みにハマっていく感じがいいですね。

M　いつになるかわかりませんが、『ビリヤニの３割』を楽しみにしています。

東京スパイス番長

インドでビリヤニ食べまくり

文・写真：水野仁輔

東京スパイス番長とは日本のインド料理業界に身を置く4人組。マニアックなテーマを掲げて毎年インドを訪れている。2013年は「インドで田植えと稲刈りを体験する」というテーマで旅をした。ハイデラバードで、ガイドのプラサードの案内のもと、田んぼへと思いきや、まずはハイデラバードのビリヤニを食べ歩くことに！

INDIA

鍋の前でカメラを構える男

朝の９時、ホテルのプールサイドに僕らは集合した。朝食にイドリ（インド式蒸パン）とポンガル（甘い牛乳粥）を食べる。南インド式の朝食は、昨夜のフライドチキンやハンバーガーの呪縛から僕らを解き放ってくれるようだ。

ここで今日と明日の２日間、米の案内をしてくれる男性と待ち合わせの予定である。インド2日目の朝に現地人と待ち合わせをするのは、もう毎年恒例になっている。目的がハッキリした旅ならば、的確に案内してくれるガイドがいるに限る。時間のロスはないし、煩わしいことに惑わされる心配もない。何より僕らが知りたいことに関する情報や体験をたっぷり用意してくれているから、刺激的な時間を過ごせることは約束されているのだ。

ただし、一抹の不安があった。今年の目的は、インドで田植えと稲刈りを体験すること。できれば自分たちで刈った米を脱穀して米料理を作ってみたい。そう聞いたら、米や農業に詳しい人でなくてもひとつの疑問が浮かぶはずだ。きっとこん

photo:Takahiro Imashimizu

バラッツ・メタ
Mehta Bharat

（写真左）1984年、鎌倉生まれ。南インド・ニルギリの高校を卒業。スイスにてケンブリッジ大学のA Levelを獲得後、スペインに留学。インド・グジャラート州出身の父の会社、アナン㈱の２代目として、インド食材や生地の輸入を手掛ける。

シャンカール・ノグチ
Shinichiro Noguchi

（同左から２番目）1973年、東京生まれ。貿易商。アメリカ留学後、インド・パンジャブ地方出身の祖父L.R.ミグラニが立ち上げたインドアメリカン貿易商会の３代目に。幼少期、祖父に"シャンカール"のニックネームで呼ばれていた。

ナイル善己
Yoshimi Nair

（同左から３番目）1976年、東京生まれ。銀座の老舗インド料理店「ナイルレストラン」3代目。南インド・トリヴァンドラム出身のインド独立運動家であり、初代創業者のA.M.ナイルを祖父に持つ。ゴア州で１年間インド料理の修業経験あり。

水野仁輔
Jinsuke Mizuno

（同右）1974年、静岡生まれ。毎月届くレシピ付きスパイスセットを販売する「AIR SPICE」代表。カレーに特化した出張料理集団「東京カリ～番長」を立ち上げて以降、全国各地を訪れてライブクッキングを実施。

な風に質問するに違いない。

「田植えと稲刈り？　同じ時期に同じ場所でそのふたつを見学することなんて可能なんですか？」

ですよね……。僕自身もそう思う。でも、インドではそれが可能だという。果たして本当なのだろうか。そもそも2月の頭に訪れたら田んぼには何もないんじゃないだろうか。日本の冬の水田地帯を思い起こせば、想像に難くない。インドの稲作は二毛作、三毛作だと聞いているから、2月でも場所を選べば田植えか稲刈りのどちらかは見られるのかもしれない。でも、ふたつ同時にというのはあまりに話がうますぎる。

朝食を軽めに済ませて食後のコーヒーを飲んでいると、ふらりと一人の男が現れた。僕たちは立ち上がって挨拶し、それからまた座って話し始める。男の名は、プラサードという。ハイデラバードで貿易の仕事をしているそうだ。プラサードはいやにクールで控えめな男で、自信に満ち溢れている典型的なインド人の印象とはだいぶ違う。だからこそ、信用できるような気もするし、一方で頼りない感じもする。

田植えと稲刈りの両方を体験したいというリクエストを改めて伝えると、表情を変えずに小さくうなずき、それはそうと……といった調子で今日の予定を説明しはじめた。田んぼに行くのは明日。今日は一日中、ハイデラバーディ・ビリヤニを食べまくるという修業のようなプランを準備しているという。

異議を唱えるつもりはない。こういう場合に「レストランはいいから早く田んぼに連れてってくれ」などと決して言ってはならない。素直についていくことが、彼への敬意を表すことであり、彼のプライドを尊重することになる。目的を果たすためにはそれが何より大事だということは、過去の経験からすでに学んでいることだ。

プラサードの用意した車に乗って最初に出かけたレストランは、「スウィートハート」。ビリヤニの店で「Sweet Heart」というのはちょっと拍子抜けだが、まだ10時前だというのにティファン（南インドの軽食・朝食）を食べる客でにぎわっている。ここで僕らは思いがけずハイデラバーディ・ビリヤニのクッキングを目の当たりにすることとなった。

キッカケはナイルである。レストランオーナーのフセイン氏に挨拶をし、しばらく立ち話をしていると、さっきまで隣にいたはずのナイル善己の姿が見当たらない。またはじまった。東京スパイス番長のインド旅でふとした隙に姿をくらますのは決まってバラッツとナイルだ。バラッツがいなくなったら道端でチャイを売る屋台を探せばいい。たいていは､温かいチャイで喉を潤しながら、チャイワーラー（チャイの売り子）相手に油を売っている。ナイルがいないときには、レストランの調理場を探すに限る。ナイルにとってインド人コックが作業する調理場はブラックホールのようなものだ。気がつけば吸い込まれている。

シャンカールと僕はレストランの中をキョロキョロと見渡したが、調理場らしきものはない。ふと、店の脇に目をやると石造りの掘っ立て小屋のような建物が目に留まった。そこから店の従業員が出来立てのビリヤニを手に出てくるではないか。ははーん、ここだな。外からみれば何の変哲もないコンクリート小屋なのだが、そこは予想通りビリヤニ専門の調理場だった。壁には不規則に穴が開いていて、そこから煙や蒸気を外に逃す仕組みになっている。世が世なら、場所が場所ならちょっとした牢獄である。こんなところで調理人が日が暮れるまでせっせとビリヤニを作っているだなんて、さすがはインド。常識外な光景だ。

調理場の中に入る。薄暗いが小さな窓や煙穴から差し込む光とボーボーと燃える薪から上がる炎が照明がわりだ。大きな土釜が3つ。真ん中に大鍋が置かれ、ぼこぼこと音を立てて煮えていた。米を茹でているという。近づいて覗きこもうとすると、ナイルが鍋の前で大きなカメラを構えて鍋の中を狙っていた。

「何やってんの？」

「いや、なんか作ってるから見てみようと思って……」

お決まりのパターンである。鼻が利くとはこのことをいう。しかもレストランの従業員が案内する前に早々と調理場に入り込むのは、ナイルにしかないテクニックだ。料理に対する貪欲さには頭が下がる。僕らはナイルの横に並んで、ビリヤニづくりを見学することにした。

インド人コックが作業する調理場はブラックホール

インドのビリヤニパラダイス

お勉強の後に食べるビリヤニはうまい。「Sweet Heart」のマトンビリヤニが運ばれてきた。さっき作ってたやつだと思うと気分が上がる。

「これがハイデラバーディ・ビリヤニかぁ！」

食べながらシャンカールが感嘆した。

「米がパラパラで香りがよく、チキンのうま味がエクセレント」

ナイルはうまいものを食べるとわかりやすくテンションが上がる。そして、口早に感想をもらす。僕もこの味には驚いた。とにかく口当たりが軽い。ムスリムの料理というと濃厚でズシリとした重みのある感じという印象がある。ビリヤニも昼に一人前食べたら夜いらないくらいにリッチな味わいのものがやってくると身構えていただけに、いい意味で拍子抜けしてしまった。

「イランのスタイルはね、マトンやチキンをライスの下に隠して盛りつけるんだよ」

フセイン氏が、教えてくれた。シャンカールはこの盛りつけスタイルがいたく気に入ったらしく、大皿からマトンの塊を一生懸命ほじくり出している。その顔は完全ににやけていた。シャンカールのにやけ顔は、もはやインドの風物詩である。彼はインドで楽しいことがあると日本では見せたことのないような表情になる。

僕もシャンカールに倣ってマトンを掘り出し、ライスとともに自分の皿に盛った。スプーンからライスがパラパラとこぼれ落ちる。パラパラ、というよりサラサラといったほうがいいくらい軽い。これがハイデラバーディ・ビリヤニかぁ。僕は頭の中でシャンカールのセリフを繰り返した。

「Sweet Heart」では、ビリヤニのケータリングも行っているようで、店内には赤い看板が掲げられていた。50人前で4500ルピーとある。一人前180円程度である。日本から注文して東京に運んでもらったらいくらになるんだろう？ 非現実的なことを夢想した。

店を出た僕たちは車に乗って次の目的地へと向かった。もちろんレストランである。到着したレストランの名前は「PARADISE」。楽園だ。「Sweet Heart」の余韻を携えて「PARADISE」へ。ハイ

PARADISE
Since 1953
World's Favourite Biryani
www.paradisefoodcourt.com
Coca-Cola
PARADISE

デラバードのビリヤニ世界はなんて魅惑的なんだろう。車の中で僕たちははしゃぐ。食後に食べたデザートパーン（キンマの葉で巻いた嗜好品）の芳しい甘味が後頭部のあたりをふわふわとした。

「PARADISE」は、街のど真ん中にあった。交通量が半端ではない巨大な交差点の角に大きなビルがそびえたっている。壁に「PARADISE」とデカデカとした看板が張り出されていて目立つ。いうならばここは楽園ビルである。

「銀座で言えば和光ですね」

銀座に店を構えるナイルが、そう漏らした。「PARADISE」は、1953年、映画館の中にあるカフェとしてスタートした。1987年にシアターは閉館したが、店はレストランに形を変えて存続。それからの発展は目覚ましいものがあったようだ。今やこのレストランは、ビルの1階から5階まですべてのフロアを占拠し、各フロアには、300席を収容している。メニューはビリヤニ以外に一般的なお総菜やカレー、パン類などがあるが、どのフロアでも当然、ほとんどの客がビリヤニを注文する。要するにビルまるごとひとつの中に1500人がワイワイガヤガヤと集まっていっせいにビリヤニを食べているのである。

ビルの1階から5階まですべて"ビリヤニパラダイス"

大家族や大人数で訪れるケースが多いらしく、見渡す限りどの長テーブルにも中央には両手で抱え込めないほどの大皿が鎮座し、どっさりとビリヤニが盛られている。各々が四方八方から右手を伸ばし、自らの皿にとりわけ、無心に口へと運んでいる。黙々と食べているわけではない。フロア全体にはワイワイガヤガヤとテンションの高い会話の声がこだまして、異様にハッピーな空間に仕上がっている。ビリヤニビルディングで繰り広げられるビリヤニ劇場。こんな空間は、日本はおろか、インド国内でも目にしたことがない。

ヒア・イズ・パラダイス！　僕は叫びたかった。店の名の通り、ここはビリヤニの楽園なのである。メニューを開く間もなく僕らはマトンビリヤニを注文した。後でメニューの説明書きをよく読んでみると「melt in the mouth」とある。口の中で溶けるというやつだ。特上のトロや和牛のサーロインステーキに使うようなこの常套句がインド料理に使われていることがちょっと面白かった。これと同じ体験を僕はラクナウでもしている。ラクナウでナワブ料理の“カコリカバブ”を頼んだときに同じフレーズがメニューにあったのだ。イスラム教徒は口どけのいい料理が好きなのかもしれない。

マトンビリヤニは、ここでもやはり軽やかで滋味深かった。ナイルと僕が黙々と食べている横で、シャンカールが別のテーブルを凝視したまま固まっていた。

「どうしたの？」

「いや、あそこのテーブルのおっちゃんがさ、ビリヤニをずっと右手でこねてるの。こねてこねてこねて、しばらくしたらきれいなだんご形になる。見事だね」

ビリヤニの街の男たちは、食べ方も美しいのだ。僕たちも負けじとこねて、だんごを作った。

※イートミー出版『チャローインディア インド即興料理旅行 稲刈り編』より抜粋、編集

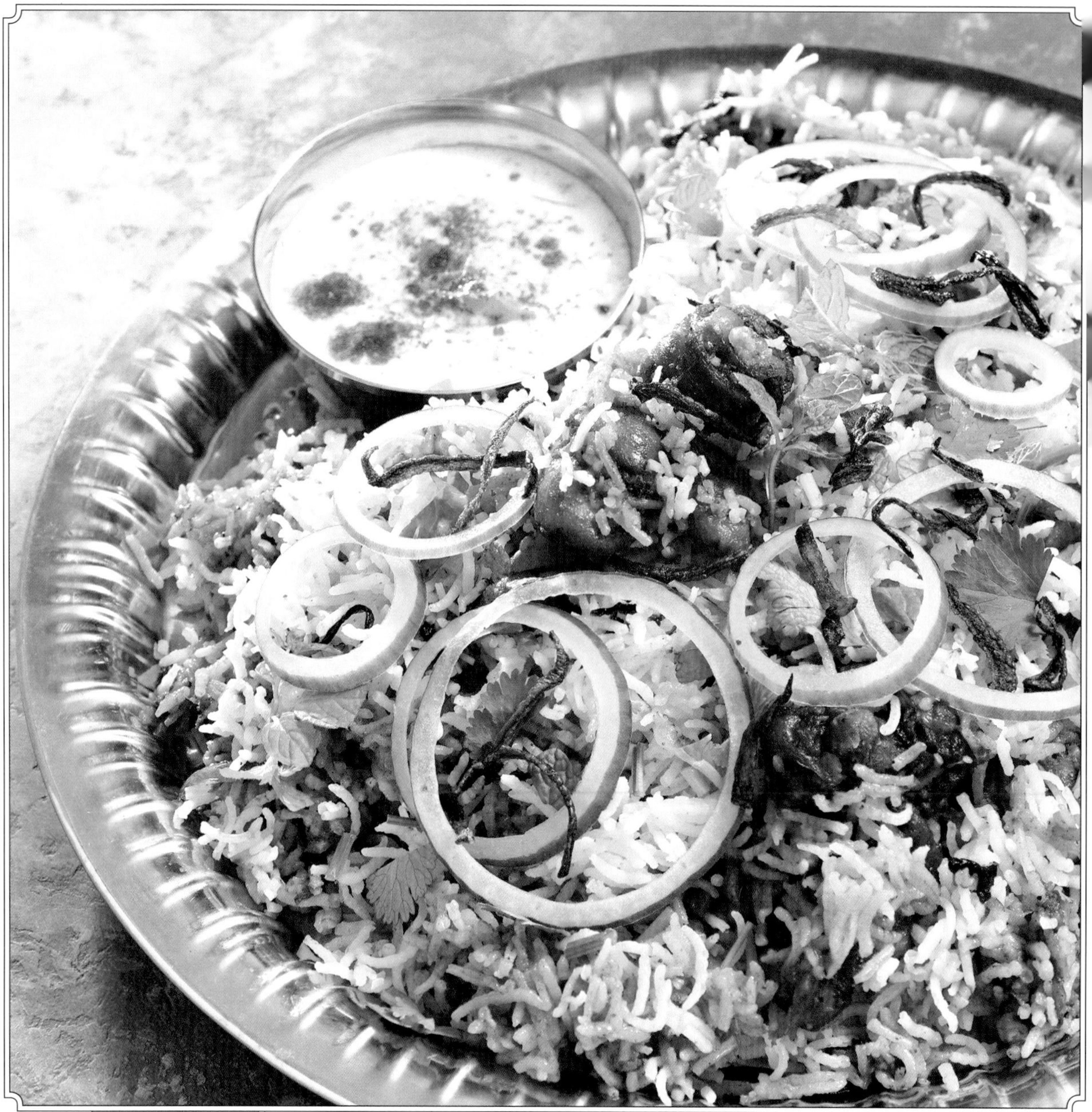

中級編　H | オリジナリティを探りたい人へ

水野仁輔直伝

骨付き鶏もも肉のパッキ・ビリヤニ

Chicken Thighs on the Bone Biryani

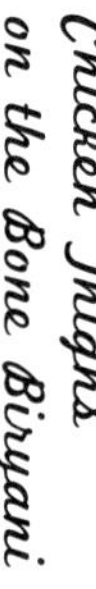

濃厚な骨付き肉をよく煮込み
うま味が溶けたグレービーがポイントです。
紫玉ねぎやハーブを味わいのアクセントに。

材料（2人分）

◉ギー（またはバター）……50g
●ホールスパイス
・カルダモン……2粒
・クローブ……3粒
・シナモン……1/2本
◉玉ねぎ（スライス）……小1/2個（100g）
◉香菜（ざく切り）……適量
◉ミント（ざく切り）……適量
◉骨付き鶏もも肉（ぶつ切り）……300g
◉にんにく（すりおろし）……1/2片
◉しょうが（すりおろし）……1/2片
●パウダースパイス……8.6g
・ガラムマサラ……小さじ2
・クミン……小さじ1
・コリアンダー……小さじ1
・レッドチリ（またはパプリカ）……小さじ1/2
◉塩……小さじ1/2強
◉プレーンヨーグルト……100g
◉水……200cc
◉サフラン（ぬるま湯少々で溶いておく）……ふたつまみ
◉バスマティライス……200g
●米茹で用
・熱湯……1.2ℓ（1200cc）
・塩……15g

下準備 バスマティライスを30分ほど浸水し、ざるにあげておく。

作り方

STAGE 1 グレービーを作る

Start

1 鍋にギーとホールスパイスを熱し、玉ねぎを加えて強めの中火でキツネ色になるまで炒める。炊くとき、米に散らすので、少し取り出しておく。

2 鶏肉とにんにく、しょうが、香菜、ミントを加えてサッと炒める。

3

パウダースパイスと塩を絡め合わせる。

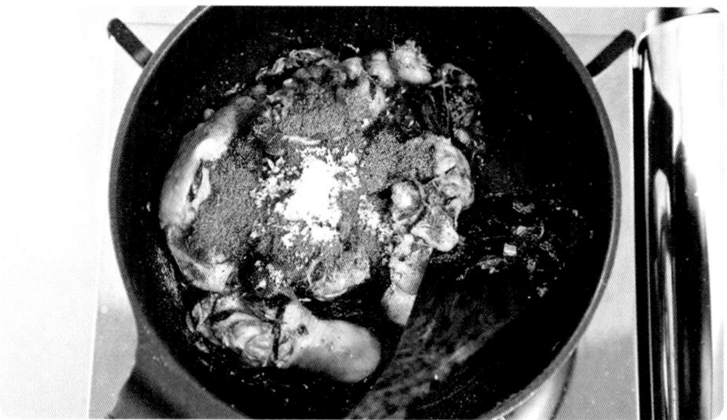

4

ヨーグルトを加えてさらに混ぜ合わせる。

5

水を注いで煮立て、弱火でふたをして肉がやわらかくなるまで30分ほど煮る。

STAGE 2 米を茹でる

1

バスマティライスは30分間、浸水して水を切っておく。熱湯に塩を溶いて、ブクブクと沸騰している状態で浸水した米を加えて強火で7分ほど茹で、ざるにあげる。

STAGE 3 合わせて炊く

1

ざるにあげた米をグレービーの鍋に加えて表面を平らにならす。

2

炒め玉ねぎを散らして、ぬるま湯で溶いたサフランを全体にかける。ふたをして強めの中火で蒸気が上がるまで2〜3分ほど煮立てる。

Finish

3

極弱火にして15分ほど炊き、火を止めて10分ほど蒸らす。

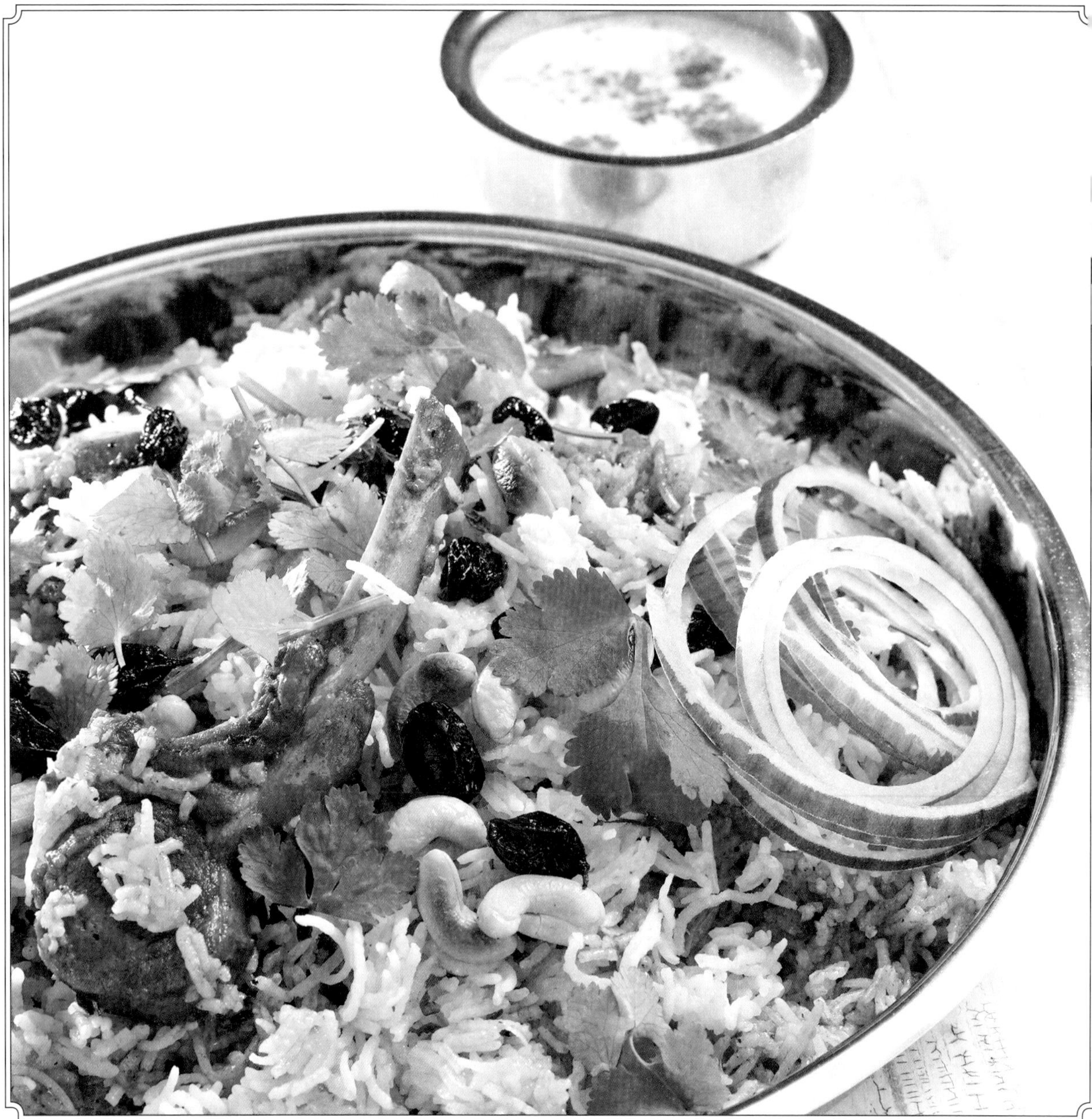

中級編

H オリジナリティを探りたい人へ

水野仁輔直伝

ラムチョップのパッキ・ビリヤニ

Costoletta di agnello biryani pakki

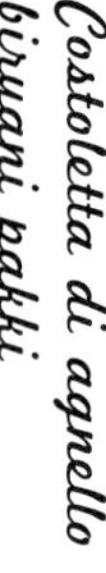

しっかりとマリネした、
ラムチョップがあとを引きます。
お好みでケウラウォーターを振って香りを楽しみましょう。

材料（2人分）

◉ギー（またはバター）……15g
◉植物油 ……15g
◉ラムチョップ ……250g
●マリネ用
・プレーンヨーグルト ……100g
・フライドオニオン ……30g
・にんにく（すりおろす）……1/2片
・しょうが（すりおろす）……1/2片
・トマトピューレ ……大さじ1
・塩……小さじ1/2強
●ホールスパイス
・カルダモン ……2粒
・クローブ ……3粒
・シナモン ……1/4本
・メース ……2つ
●パウダースパイス
・ガラムマサラ ……小さじ2
・クミン ……小さじ1/2
・コリアンダー ……小さじ1/2
・レッドチリ ……小さじ1/4
◉水……120〜150cc
◉ミント ……適量
◉しょうが（千切り）……大1片
◉サフラン（ぬるま湯で溶いておく）……ふたつまみ
◉ケウラウォーター（あれば）……数滴
◉バスマティライス ……200g
●米茹で用
・熱湯……1.2ℓ（1200cc）
・塩……15g
◉カシューナッツ ……適量
◉レーズン ……適量

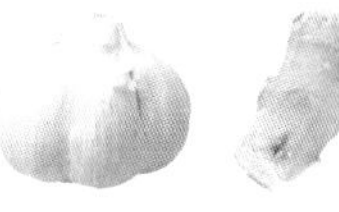

作り方

STAGE 1 グレービーを作る

Start

1 マリネ用の材料とスパイス類をよく混ぜる。

2 ラム肉とよくマリネする。

3

鍋にギーと油を熱し、マリネしたラム肉をマリネ液ごと加えて強めの中火で煮立てる。

4

水を注いで煮立て、弱火でふたをして肉がやわらかくなるまで30分ほど煮る。

5

ふたをあけて強めの中火にし、少し煮詰めておく。

STAGE 2 米を茹でる

1

バスマティライスは30分間、浸水して水を切っておく。熱湯に塩を溶いて、ブクブクと沸騰している状態で米を加えて強火で7分ほど茹で、ざるにあげる。

STAGE 3 合わせて炊く

1

ざるにあげた米を鍋に加えてならす。

2

ミントとしょうが、ケウラウォーター、サフランを加えてふたをして強火で蒸気が出るまで煮る。

Finish

3

極弱火にして15分炊く。火を止めて10分ほど蒸らす。盛りつけの際にカシューナッツとレーズンを散らす。

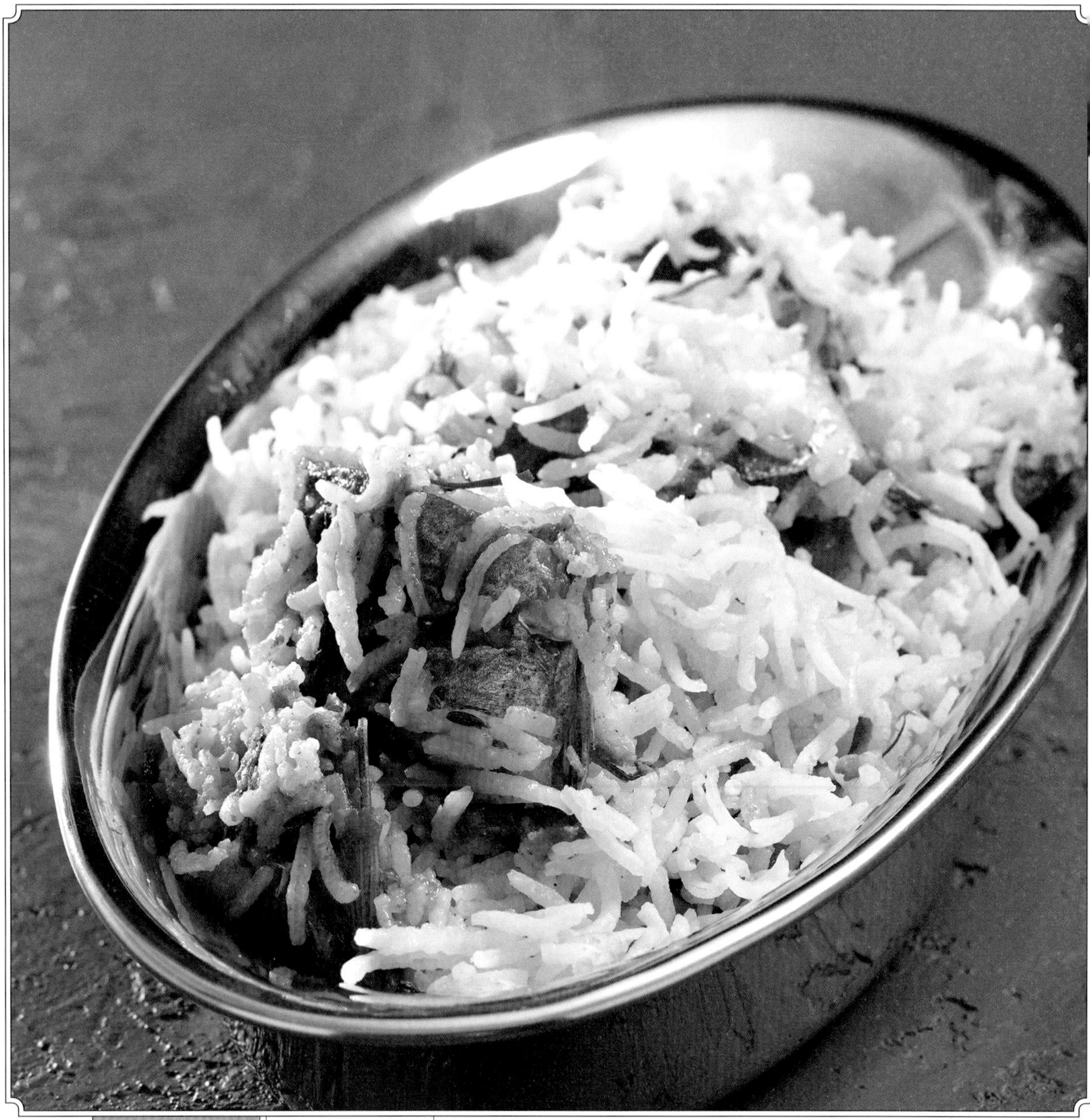

中級編 H オリジナリティを探りたい人へ

Horse Mackerel Biryani

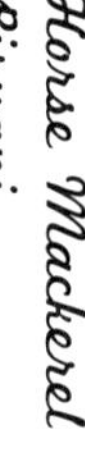

水野仁輔直伝

アジのパッキ・ビリヤニ

マリネしたスパイシーなアジは新感覚。
ほろほろのアジの身が絶品です。
ココナッツファインを入れれば、香りの変化を楽しめます。

材料（2人分）

◉アジ（ぶつ切り）……250g
●マリネ用
・にんにく（すりおろし）……1/2片
・しょうが（すりおろし）……1/2片
・レモン汁……1/2個分
●パウダースパイス
・ターメリック……小さじ1/4
・レッドチリ……小さじ1/2
・ガラムマサラ……小さじ1/2
・コリアンダー……小さじ2
◉植物油……30g
●ホールスパイス
・マスタードシード……小さじ1/2
・クミンシード……小さじ1/2
◉グリーンチリ（縦に切込みを入れる）……1本
◉トマト（ざく切り）……小1個（150g）
◉フライドオニオン……20g
◉ココナッツファイン（あれば）……大さじ2（10g）
◉塩……小さじ1/2
◉水……50cc
◉バスマティライス……200g
●米茹で用
・熱湯……1.2ℓ（1200cc）
・塩……15g

下準備 魚をマリネ用の材料とパウダースパイスでマリネしておく。

作り方

STAGE 1 グレービーを作る　*Start*

1. 鍋に油とホールスパイスを中火で熱し、マスタードシードがはじけてきたらマリネした魚を加えて表面全体がこんがりするまで炒め、取り出しておく。
2. すぐにグリーンチリとトマト、フライドオニオン、ココナッツファイン、塩、水を加えて炒め合わせる。
3. 火を止めて10分ほど蒸らす。

STAGE 2 米を茹でる

1. バスマティライスは30分間、浸水して水を切っておく。
2. 熱湯に塩を溶いて、ブクブクと沸騰している状態で米を加えて強火で6分ほど茹で、ざるにあげる。

STAGE 3 合わせて炊く　*Finish*

1. ざるにあげた米を鍋に加えて、魚を戻し、ふたをして強火で蒸気が出るまで煮る。
2. 極弱火にして15分炊く。
3. 火を止めて10分ほど蒸らす。

中級編 H オリジナリティを探りたい人へ

Lamb Kacchi Biryani

水野仁輔直伝

ラム肉のカッチ・ビリヤニ

ラム肉をカッチすることで
すごくジューシーな肉が味わえます。
ミントや香菜は多めに使いましょう。

材料（2人分）

◉ラム肉 …… 300g
●マリネ用
・にんにく（すりおろし）…… 1/2片
・しょうが（すりおろし）…… 1/2片
・プレーンヨーグルト …… 150g
・フライドオニオン …… 30g
・ビリヤニマサラ …… 12g
・グリーンチリ（みじん切り）…… 大1本
・ミント（ざく切り）…… 適量
・香菜（ざく切り）…… 適量

◉ギー（またはバター）…… 10g
◉バスマティライス …… 200g
●米茹で用
・熱湯 …… 1.2ℓ（1200cc）
・塩 …… 15g

作り方

STAGE 1 マリネを準備する

Start

1 マリネ用の材料をよく混ぜ、
ラム肉に揉みこんでおく。20～30分でもいいが、できればひと晩以上おく。

2 鍋にマリネしたラム肉をマリネ液ごと入れ、ギーを加えておく。

STAGE 2 米を茹でる

1 バスマティライスは30分間、浸水して水を切っておく。

2 熱湯に塩を溶いて、ブクブクと沸騰している状態で米を加えて
強火で4分ほど茹で、ざるにあげる。

STAGE 3 ビリヤニを炊く

Finish

1 ざるにあげた米をマリネの鍋に加えて表面を平らにならし、
ふたをして強めの中火で蒸気が上がるまで2～3分ほど煮立てる。

2 極弱火にして30分ほど炊く。

3 火を止めて10分ほど蒸らす。

初級編　H　オリジナリティを探りたい人へ

Shrimp Biryani

水野仁輔直伝

エビのボイル式ビリヤニ

エビの出汁がしっかりとシミた
バスマティライスがやみつきになります。
有頭エビが手に入ればベスト。

材料（2人分）

- ◉植物油……30g
- ◉紫玉ねぎ……小1/2個（100g）
- ◉にんにく（すりおろし）……1/2片
- ◉しょうが（すりおろし）……1/2片
- ◉グリーンチリ（小口切り）……1本
- ◉香菜（ざく切り）……適量
- ◉ビリヤニマサラ……8g
- ◉塩……小さじ1弱
- ◉トマト（ざく切り）……1/2個
- ◉有頭エビ……250g
- ◉水……350cc
- ◉バスマティライス……200g

下準備 バスマティライスを30分ほど浸水し、ざるにあげておく。

作り方

STAGE 1 グレービーを作る

Start

1. 鍋にバスマティライス、エビ以外のすべての材料を入れてふたをし、強火で煮立て、煮立ったら中火にしてふたをしたまま10分ほど煮る。
2. エビを加えて強火でグツグツ煮立て、ふたをして弱火にして5分ほど煮る。火を止めてふたを開けておく。

STAGE 2 合わせて炊く

Finish

1. 30分浸水したバスマティライスを鍋に加えて混ぜ合わせ、強めの中火で煮立てる。
2. ふたをして極弱火で12分ほど炊く。ときどきかき混ぜる。
3. 火を止めて10分ほど蒸らす。

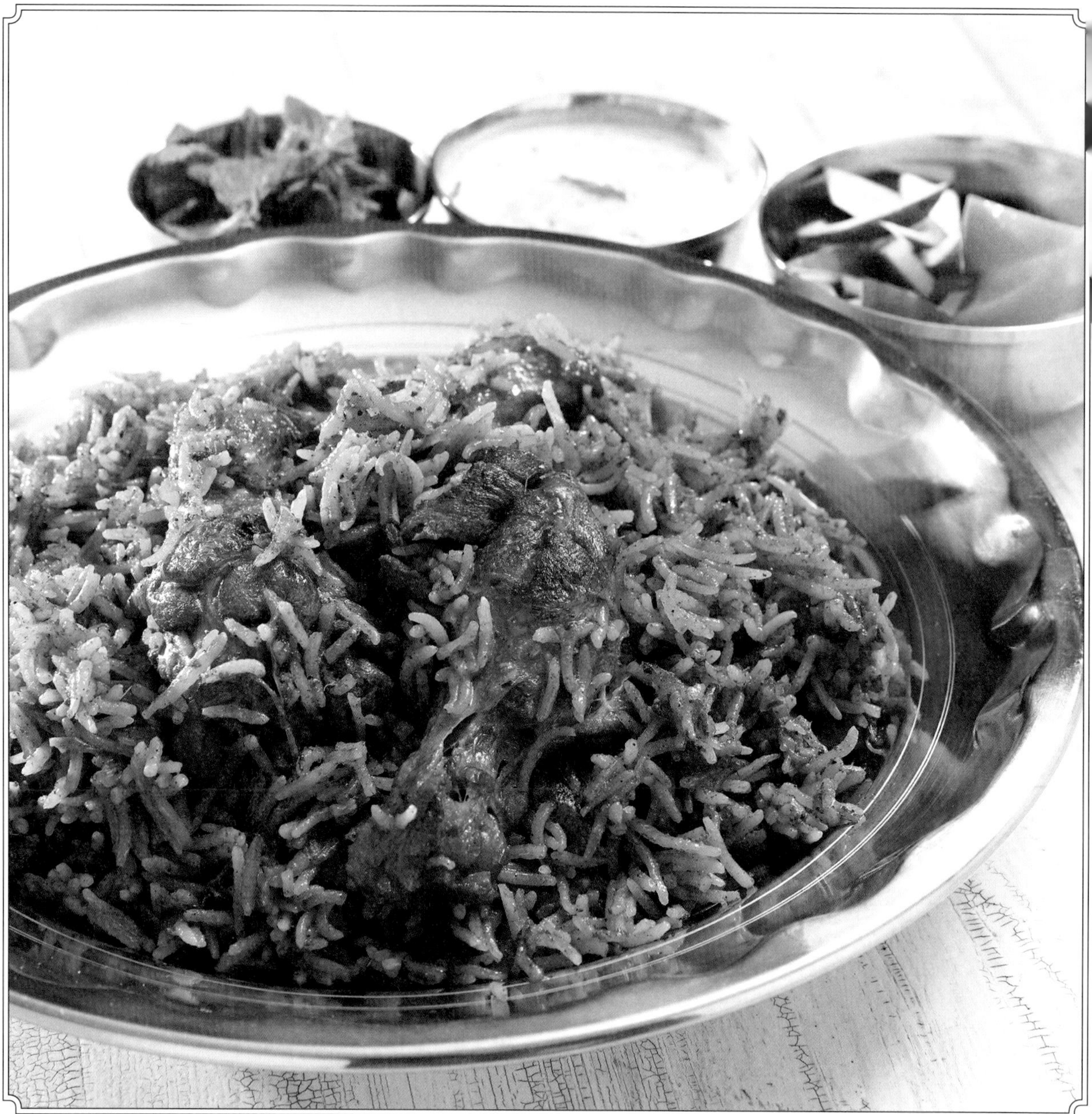

初級編　H オリジナリティを探りたい人へ

水野仁輔直伝

鶏手羽元のボイル式ビリヤニ

Boiled Chicken Wings with Biryani

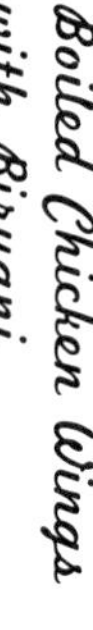

ココナッツミルクのほのかな甘味と
鶏手羽元がベストマッチ。
ナッツやレーズンの食感が変化を生みます。

材料（2人分）

- ◉植物油 …… 50g
- ◉玉ねぎ（スライス） …… 小1/2個（100g）
- ◉にんにく（すりおろし） …… 1/2片
- ◉しょうが（すりおろし） …… 1/2片
- ◉鶏手羽元 …… 300g
- ◉ガラムマサラ …… 10g
- ◉塩 …… 小さじ1弱（4g）
- ◉プレーンヨーグルト …… 100g
- ◉水（グレービー用） …… 100cc
- ◉ココナッツミルク …… 50cc
- ◉香菜 …… 適量
- ◉ミント …… 適量
- ◉メース（あれば） …… ふたつまみ
- ◉水（ボイル用） …… 120cc
- ◉カシューナッツ …… 適量
- ◉レーズン …… 適量
- ◉バスマティライス …… 200g

下準備 バスマティライスを30分ほど浸水し、ざるにあげておく。

作り方

STAGE 1 グレービーを作る　*Start*

1. 鍋に油を熱し、玉ねぎをうっすら色づくまで炒める。
   にんにくとしょうがを加えて香りが立つまで炒める。
2. 鶏肉を加えて表面全体が色づくまで炒める。
   ガラムマサラと塩を加え、ヨーグルトと水を混ぜ合わせる。
3. 煮立ったら、ココナッツミルクを加えてふたをして弱火で30分ほど煮る。
4. 香菜とミント、メース、ボイル用の水を加えて強めの中火で煮立てる。

STAGE 2 合わせて炊く　*Finish*

1. 30分浸水したバスマティライスとナッツ、レーズンを鍋に加えて強めの中火で煮立て、
   ふたをして弱火で15分ほど煮込む。途中、ときどきふたをあけて中をゆっくりかき混ぜる。
2. 火を止めて10分ほど蒸らす。

入門編 | C とことん怠けたい人へ | F 変わり種を作ってみたい人へ

Stir-fried Chicken Biryani

水野仁輔直伝

チキン炒め式ビリヤニ

レトルトカレーと
バスマティライスを絡めるだけ。
炒めて手軽にできる。

材料（1人分）

- ◉植物油 …… 少々
- ◉レトルトカレー …… 1人分（180g）
- ◉香菜 …… 適量
- ◉ミント …… 適量
- ◉バスマティライス …… 100g
- ●米茹で用
  - ・熱湯 …… 1ℓ（1000cc）
  - ・塩 …… 12g

使用レトルトカレー

鶏肉の山椒ココナッツカレー

内容量／180g
販売者／(株)スペーススパイス
(P.159参照)

※小麦粉不使用の
レトルトカレーなら代用可

下準備 バスマティライスを30分ほど浸水し、ざるにあげておく。

作り方

STAGE 1 グレービーを作る　*Start*

1 鍋に油を熱し、レトルトカレーを入れてふたをして強めの中火でグツグツと煮て、ふたをあけてどろっとした状態になるまで煮詰める。

STAGE 2 米を茹でる

1 沸騰した湯に塩を加えて、30分浸水したバスマティライスを強火で10分ほど茹で、ざるにあげる。すぐに鍋に戻し、ふたをして5分ほど蒸らす。

STAGE 3 合わせて炒める　*Finish*

1 グレービーに香菜やミントを散らし、炊いた米を加えて炒めるように全体を適度に混ぜ合わせる。

2 火を止めてふたをし、10分ほどおく。

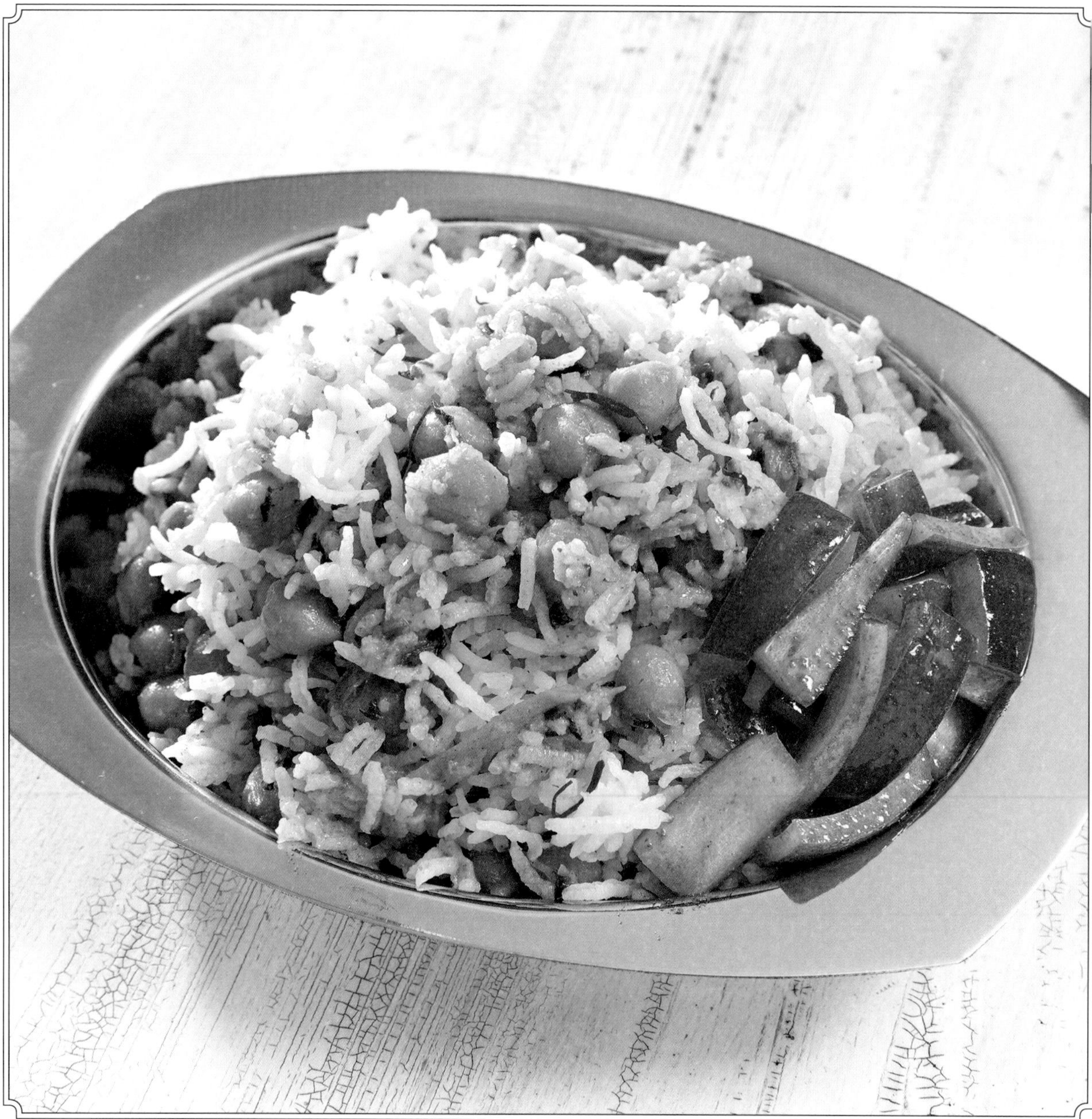

初級編　H　オリジナリティを探りたい人へ

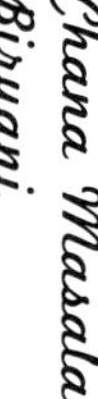

水野仁輔直伝

チャナマサラのパッキ・ビリヤニ

Chana Masala Biryani

チャナマサラとはひよこ豆の煮込みのこと。
スパイシーさと豆の甘さをともに楽しめます。
スパイスを使わず、カレー粉で簡単に。

材料（2人分）

◉ギー（またはバター）……30g
◉しょうが（千切り）……2片
◉フライドオニオン……30g
◉カレー粉……大さじ1
◉塩……小さじ1/2強（3.5g）
◉香菜（ざく切り）……1/2カップ
◉ミント（ざく切り）……1/2カップ
◉ひよこ豆（水煮・煮汁ごと）……1缶（400g）
◉水……100cc
◉バスマティライス……200g
●米茹で用
・熱湯……1.2ℓ（1200cc）
・塩……15g

作り方

STAGE 1 グレービーを作る　*Start*

1 バスマティライス、米茹で用の材料以外のすべてを鍋に入れ、ふたをして強火で5分ほど煮る。

2 ふたをあけて強めの中火にして水分が飛ぶまで煮詰め、火を止めておく。

STAGE 2 米を茹でる

1 バスマティライスは30分間、浸水して水を切っておく。

2 熱湯に塩を溶いて、ブクブクと沸騰している状態で米を加えて
強火で7分ほど茹で、ざるにあげる。

STAGE 3 合わせて炊く　*Finish*

1 ざるにあげた米をグレービーの鍋に加えて表面を平らにならし、
ふたをして強めの中火で蒸気が上がるまで2〜3分ほど煮立てる。

2 極弱火にして15分ほど炊く。

3 火を止めて10分ほど蒸らす。

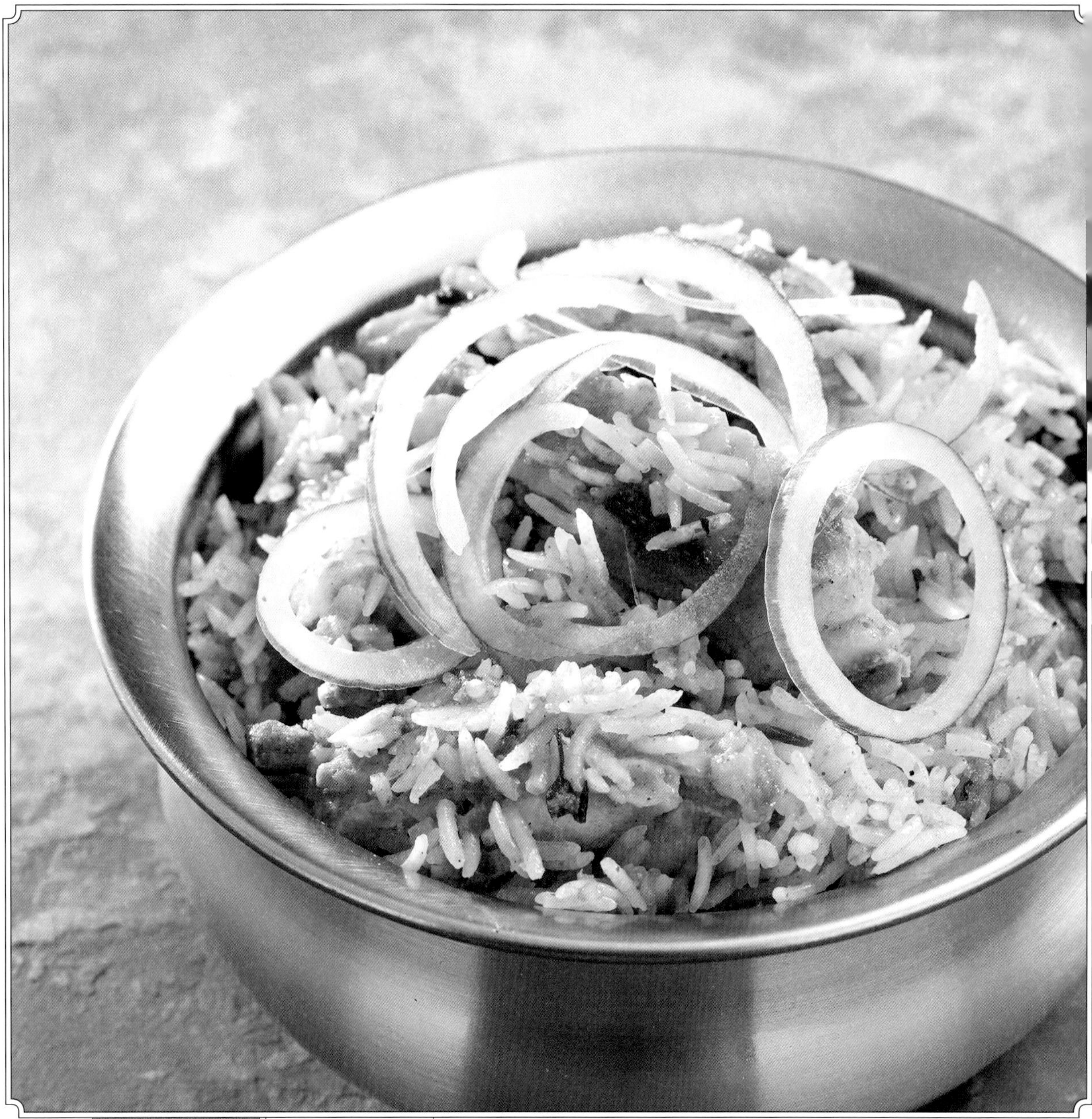

入門編　A　絶対に失敗したくない人へ

Chicken Wing Kacchi Biryani

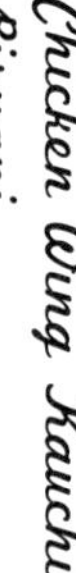

水野仁輔直伝

鶏手羽のカッチ・ビリヤニ

炊飯器で手軽にカッチ・ビリヤニを楽しめます。
マリネはできるだけ長めに漬けるのがおすすめ。
フライドオニオンは市販のものでOK！

材料（2人分）

◉鶏手羽中……300g
●マリネ用
・にんにく（すりおろし）……1/2片
・しょうが（すりおろし）……1片
・香菜（みじん切り）……適量
・ミント（みじん切り）……適量
・カレー粉……12g
・プレーンヨーグルト……100g
・塩……小さじ1弱（4g）

◉フライドオニオン……20g
◉バスマティライス……200g
◉水……120cc

下準備 バスマティライスを30分ほど浸水し、ざるにあげておく。

作り方

STAGE 1 マリネを作る　*Start*

1 マリネ用の材料をすべて混ぜ合わせ、
鶏肉に揉みこんでおく。20～30分でもいいが、できればひと晩以上漬けておく。

STAGE 2 合わせて炊く　*Finish*

1 炊飯器にマリネした鶏肉をマリネ液ごと入れてフライドオニオンをしき詰める。

2 30分ほど浸水したバスマティライスと水を加え、「早炊きモード」で炊く。

入門編　A　絶対に失敗したくない人へ

水野仁輔直伝

ビーフキーマ カッチ・ビリヤニ

Beef Keema Kachchi Biryani

きざんだ肉をふんだんに使ったキーマが
バスマティライスとしっかり絡まり、
肉の濃厚な味を楽しめます。

材料（2人分）

◉牛肩ロース肉（細かく切る）……300g
●マリネ用
・にんにく（すりおろし）……1/2片
・しょうが（すりおろし）……1片
・グリーンチリ（みじん切り）……2本
・香菜（みじん切り）……適量
・ミント（みじん切り）……適量
・ビリヤニマサラ……12g
・プレーンヨーグルト……100g
・ライム（絞り汁）……少々
・植物油……15g
・塩……少々

◉フライドオニオン……20g
◉バスマティライス……200g
◉水……120cc

下準備 バスマティライスを30分ほど浸水し、ざるにあげておく。

作り方

STAGE 1 マリネを作る *Start*

1 マリネ用の材料をすべて混ぜ合わせ、牛肉に揉みこんでおく。
20～30分でもいいが、できればひと晩以上漬ける。

STAGE 2 合わせて炊く *Finish*

1 炊飯器にマリネした牛肉をマリネ液ごと入れてフライドオニオンをしき詰める。

2 ざるにあげたバスマティライスと水を加え、「早炊きモード」で炊く。

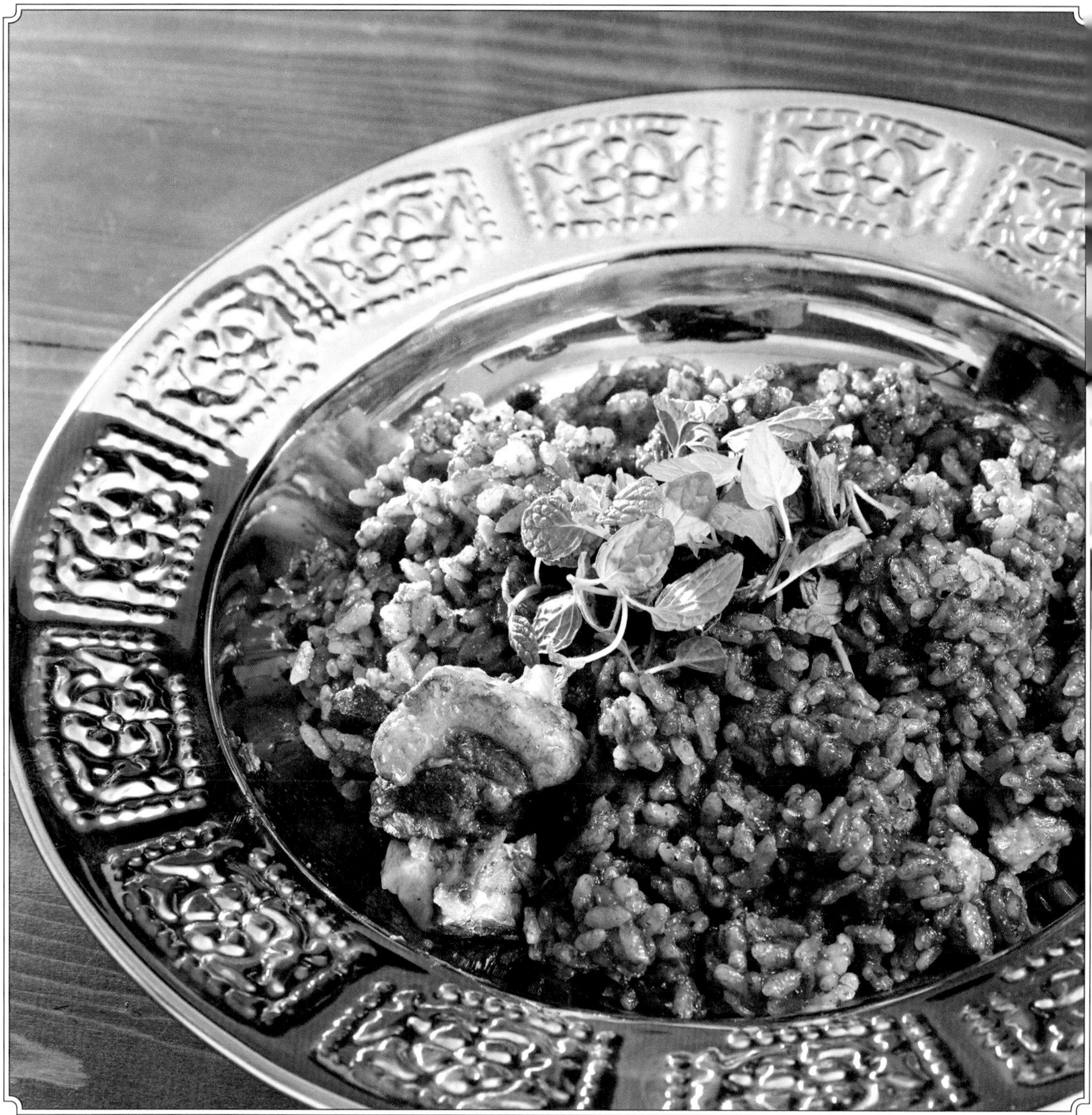

入門編 | A 絶対に失敗したくない人へ | C とことん怠けたい人へ | D バスマティライスを買いたくない人へ

Retort "japonica" biryani style

水野仁輔直伝

レトルト“ジャポニカ”ビリヤニ風

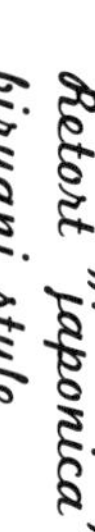

バスマティライスがなくても大丈夫。
味のよくシミる日本米らしいもちもちした食感は
バスマティライスとは違ったおいしさがあります。

材料（1人分）

- ◉ジャポニカ米 …… 100g
- ◉レトルトカレー …… 1人分（210g）
- ◉塩 …… 小さじ1/2弱（2g）
- ◉水 …… 60〜70cc

使用レトルトカレー

ポークビンダルー

内容量／210g
販売者／(株)スペーススパイス（P.159参照）

※小麦粉不使用の
レトルトカレーなら代用可

作り方

STAGE 1 ビリヤニを炊く

Start

1 炊飯器にレトルトカレーと塩を入れる。

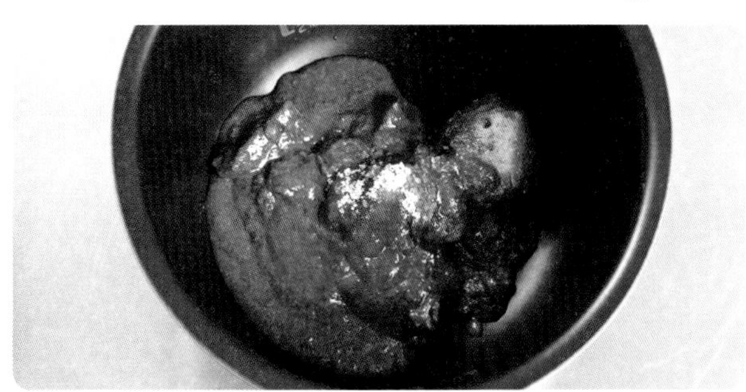

2 ざるにあげた米と水を加え、「早炊きモード」で炊く。

3 よく混ぜて盛りつけて完成。

Finish

稲田俊輔さんに聞きました

ビリヤニの魅力ってなんですか？

聞き手・水野仁輔

稲田俊輔 / Shunsuke Inada

南インド料理専門店「エリックサウス」を経営。近著に『だいたい１ステップか２ステップ！なのに本格インドカレー』（柴田書店）。

水野（以下Ⓜ）稲田さんは、ビリヤニ専門店をやっていますから、調理法に独自のルールがありそうですね。

稲田（以下Ⓘ） そうなんです。実際に自分がレシピを組むときに、ベースにしている考え方があります。そもそもバスマティライスとはなんぞやということが出発点になっています。バスマティライスがだいたい元の重量の２倍弱から２倍ぐらいの水分を吸い込んだときに一番おいしい状態になると思っています。ビリヤニを作るときにカッチでもパッキでも、バスマティの生米を100gとしたときに最終的には200gの水を吸わせなきゃいけない。７割ボイルすると140gくらいの水分を吸わせた状態ができます。

Ⓜ 吸水してから茹でる。炊く前の準備の状態ですね。

Ⓘ バスマティライスの時間経過と、吸水の実験をしたことがあって、乾燥したバスマティライスを、パスタみたいに沸いているところに入れて、１分おきに計量していると、重量のグラフとしては直線なんですよ。いわゆる７割炊きますっていうのは７割の時間で200×0.7＝140。割とそこは推定がしやすい。

Ⓜ じゃあ、残りの60gは具やグレービーから水分を調達することになる。

Ⓘ これはものすごくシンプル化したモデルなんですが、カッチだったら、ここに生肉が入ります。生肉は火を通す過程でだいたい30％くらいの水分を放出します。ヨーグルトはだいたい50％くらいを放出します。そのように計算していくと、ちょうど60gの水分を放出するので、理想的な炊き上がりになります。パッキであれば、200gのカレー的なものがあるとして、この80gは固形物（肉）ですから、肉は完全に火が通っていて、これ以上水分を放出しないので、０です。グレービー的なドロっとしたもの120gからだいたい半分くらい（60g）の水分が出ます。カレーを水で伸ばして生米を入れるタミル式も実はこれ

と同じことが時系列の違う形で、行われていることになります。

M 理論上はそうなりますね。

I そうなんです。だから、最終的にビリヤニ方程式（P.123）はこのようになります。2倍量の水から吸水させた水の残りを、素材から放出する水分でまかないます。「P」は重量で、「K」が放出率、ヨーグルトは50%、グレービー50%、トマトもだいたい50%で計算できる感じですね。

M でも、実際にはさまざまな条件の違いによって誤差が出る。

I そこでビリヤニ係数というものを置いたんです。つまりこの計算通りに本当に放出した水分が完全にまんべんなく、米に吸収されるのであれば、「C」は100%でいいはずなんだけど、さまざまな条件により、100%にはならないことのほうが多いです。炊くときに米とグレービーのレイヤーを細かく重ねていったら、100%に近づいていくんだけど。

M 量にもよりますよね。グレービーの濃度というか、とろみも色々あるから、50%とは限らない。

I あと割と難しいのが、炊くときの温度が高くて、じゃんじゃん蒸気が出ていけばいくほど、まんべんなく風味がまわりますよね。ただビリヤニ調理で一番怖いのって、下が焦げることなので、火が強くなればなるほど、100%に近づくんだけど、焦げない程度で抑えなくちゃいけないというアンビバレントがあったりする。

M 温度が低くても、炊く時間が長くなれば、上まで上がる可能性もある。ところが、米の食感が壊れていくリスクもある。難しいですね。

I 火加減がどの程度か、鍋をどこまで密閉するかどうかでも変わる。

M 熱源や鍋によって火の入りをコントロールしなければならない。そういうチューニングはCでやっているんですよね。

I ただしCを仮にたとえば80%とか90%、場合によっては100%でおいたとしても、それほど大失敗はしませんよ。

M なるほどね。Cに関わらず80点以上は取れるという設計なんですね。

I そこから突き詰めるためにはさまざまな条件があって、80点まではできるけど、100点に近づけるにはものすごい膨大な要素がありますよ。とりあえず1回やってもらって、そこからいかにチューニングするかですよね。最初から完成を目指すんじゃなくて、2回目で完成するっていう。

M そうなんですよ。だから本心を言えば、「一度失敗してください」と言いたい。そこから何を学ぶかが成功のカギを握っていますから。逆にいえば、チューニングできれば失敗しにくい料理でもあると思います。

バスマティとはなんぞやということが出発点

I あと正確にやるなら赤外線温度計が実は必須ですね。鍋の外側が150℃くらいをキープすると一番良いコンディションになります。200℃を超えると、いわゆるメイラード反応的な焦げが始まります。かといって120℃だと蒸気の出方が不十分です。

M 鍋の中の温度も測りたいですけどね。鍋ぶたの穴に温度計の先を突っ込んだりして。100℃に到達するまでの温度上昇や100℃になってからの時間がわかる。あとは火を均等に当てたいですよね。シンプルに「ビリヤニは米を風味豊かに炊く料理」と仮定すると、鍋の中の水分がどこにあるのか？　ってことが肝になってきますね。浸水させたり、茹でたり、炊くときに追加したり、グレービーの具の中に水分があったり。水分が出たり入ったりしながら完成するわけだから。そこが稲田メソッドの立脚点でもありますよね。

I 水分をまんべんなく移行させていく過程で、どれだけ味や香りとかがそれに付随していくのか。

Ⓜ　浸水と茹で、グレービーの場合は、加水した分と素材、あと炊くときの水。炊くときの水は加水するけど、炊いている途中は蒸気が抜けるっていう。蒸発した水分には抜けていくものと移動するものがあって。

Ⓘ　戻ってくるやつと、外に逃げちゃうやつ。

Ⓜ　素材から出て、素材に戻る。米から出て米に戻る。逃げていくのは空中に逃げていって、鍋の中からいなくなる。ビリヤニにおける水分はこれですべてですか。

Ⓘ　厳密にいうと、たとえば仕上げにサフランミルクを撒いてからふたを閉めるとかも。

Ⓜ　そうするとグレービーを加えるときと、浸水、茹で、炊くときの4回水を加えている。ビリヤニをおいしく炊くときに、最も気にしなきゃいけないのは鍋の外に逃げていく水分の量なんじゃないかっていう感じがする。

Ⓘ　そこに影響するのが、火加減と時間ですね。

Ⓜ　熱伝導ということなら鍋のプロフィールも。材質や底の厚さ、底面積、深さ、密閉度合い。たとえばオーソドックスなチキンカレーを作って、150gの米を炊くとしましょうか。稲田メソッドでいくと、チキンカレーのグレービーと肉の重さはいくつくらい？

Ⓘ　合計300gです。肉が200g、玉ねぎが50g、ヨーグルトが50gくらい。水の量は足した分が全部蒸発して仕上がり300gになるように加える。

Ⓜ　チキンカレーができあがったときに肉の重さが150g、グレービーが150g、米が150gで炊くとする。茹でた米を加えてふたをして、蒸気が上がるまで強火で、その後、弱火にしてから炊く時間は何分に設定すればいいですか？

Ⓘ　だいたい湯気が出始めてから10分っていうのが、自分の感覚ですね。それで蒸らし10分。

Ⓜ　米の浸水と茹で時間は？

Ⓘ　自分のやり方だと浸水をしないんです。

Ⓜ　え！ 浸水しないの？

Ⓘ　そうです。いきなりパスタみたいにバスマティライスを入れてグラグラ。

Ⓜ　じゃあ茹で時間長めですか？

Ⓘ　8～9分ですね。何分茹でるってことよりも、茹だった米が何gになっているかが大事。炊

バスマティ生米：100	浸水・半炊き：140	素材からの水分：60

レシピ			水分放出
例1 カッチ・ビリヤニ	200g	生肉……150g	……30%→45g
		ヨーグルト……30g	……50%→15g
		パウダースパイスなど…20g	……0%→ 0g
例2 パッキ・ビリヤニ	200g	グレービー固形分(肉)…80g	……0%→ 0g
		グレービー……120g	……50%→60g
例3 ボイル式ビリヤニ		生米……100g	
		水……140g	
	200g	カレー的なもの……200g	固形(肉)……80g→ 0g
			グレービー… 120g→60g

く時間の10分というのは、店の仕込みを短縮するために割と攻めた短さなので、本当は15分とか20分が無難。加熱しすぎてダメになる要素って、あまりないので。

Ⓜ それは鍋の中の水分量が、ある程度定まっているから、ベチャベチャになるとは考えにくいってことですか。

Ⓘ そうです。むしろ長いほうが均一化が進む。

Ⓜ とにかく炊きはじめたら、自宅の火力で最小限の極弱火がいいですね。ビリヤニの成功の指標は味わいで。シミシミ、フワフワ、パラパラって3つ置いているんだけども、それ以外で要素はありますか？

Ⓘ 米がブイーンって伸びている。それってフワフワのことだと思ってるんですけど。

Ⓜ じゃあ、あとは焦げないことを祈るのみ。

Ⓘ ジップロックコンテナーと電子レンジで完結するっていうやり方もあります。密閉容器だから水分は中で行き来するだけですし、絶対に焦げない。

Ⓜ しかもレンジなら全方向から熱が伝わる。

Ⓘ そうです。炊飯器だと対流が起こりますが、これなら対流を最小限でやれるので、そこにマサラで和えた生肉をしき詰めて上に米を置いて、レイヤーを一応作った状態で調理できる。炊飯器にないメリットがありますよ、みたいなことをやっています。

Ⓜ 炊飯器はやっぱり、対流して結局全部が同じになっちゃうのがね。まばらがビリヤニの醍醐味のひとつですからね。他にも焦げを回避する方法は、なんでしょうね。フライパンの上に鍋を置いて火の当たりを平均化するとか。

Ⓘ ホットプレートなら、サーモスタットが付いているので、200℃にしちゃえば、より失敗が少なくできると思います。

Ⓜ まだまだ可能性はありますね。稲田メソッドはちょっとマニアックですけれど、作り手が自分の中で似たようなメソッドを持てるようになったらいいですね。

Ⓘ そうですね。この考え方がベースにあったら、今あるレシピから自分なりに応用ができるようになりますから。

ビリヤニ方程式

$$2R - AR = (p1k1 + p2k2 + p3k3\cdots\cdots) \times C$$

2R：米の倍量の水
AR：米に吸わせる水
(p1k1 + p2k2 + p3k3……)：素材が放出する水分

p＝重量
k＝放出率

ヨーグルト、グレービー、野菜など ………… 50%
生肉………………………………………… 30%
サフランミルク、フレーバーウォーター ……… 100%

C ＝ビリヤニ係数（80～100%）

	80%		100%
レイヤー	少	→	多
鍋	深い	→	浅い
濃度	濃い	→	薄い
密閉度	弱	→	強
火加減	弱	→	強

Interview

Shunsuke Inada

Raita

ライタを作ってみよう！

インド料理店でビリヤニを頼むと必ずといっていいほど、ついてくる野菜の入ったヨーグルトのようなものがあります。これこそが「ライタ」。簡単に説明するとヨーグルトのサラダです。ビリヤニの定番の付け合わせとして、インドでも親しまれています。

ライタをビリヤニにかけることで、辛味を抑えることができます。ヨーグルトの酸味が違う味を引き出します。玉ねぎの代わりに他の野菜でも作ることができます。

作り方

大澤孝将直伝

ライタ

材料

◉プレーンヨーグルト（ナチュレ恵）…… 800g
◉水…… 400cc
◉赤玉ねぎ（芯を除いてみじん切り）…… 3個
◉青唐辛子（インド種・冷凍・輪切り）…… 8本
◉塩…… 小さじ2
◉レッドチリパウダー …… 少々

1. ヨーグルトに水を加えて伸ばす。
2. 赤玉ねぎと青唐辛子、塩を加えてよく混ぜる。
3. 最後にレッドチリパウダーを振れば完成。

曽我部智史直伝

ジーラライタ

材料

◉ヨーグルト …… 150g
◉赤玉ねぎ（みじん切り）…… 75g
◉塩…… 小さじ1/4
◉ローストクミンパウダー …… 小さじ1弱

1. ヨーグルトがなめらかになるまでよく混ぜる。
2. 赤玉ねぎ、塩、ローストクミンパウダーを加えてよく混ぜる。
3. 最後にローストクミンパウダーを少々振れば完成。

ビリヤニ
スパイスの
使い方

Biryani Spices

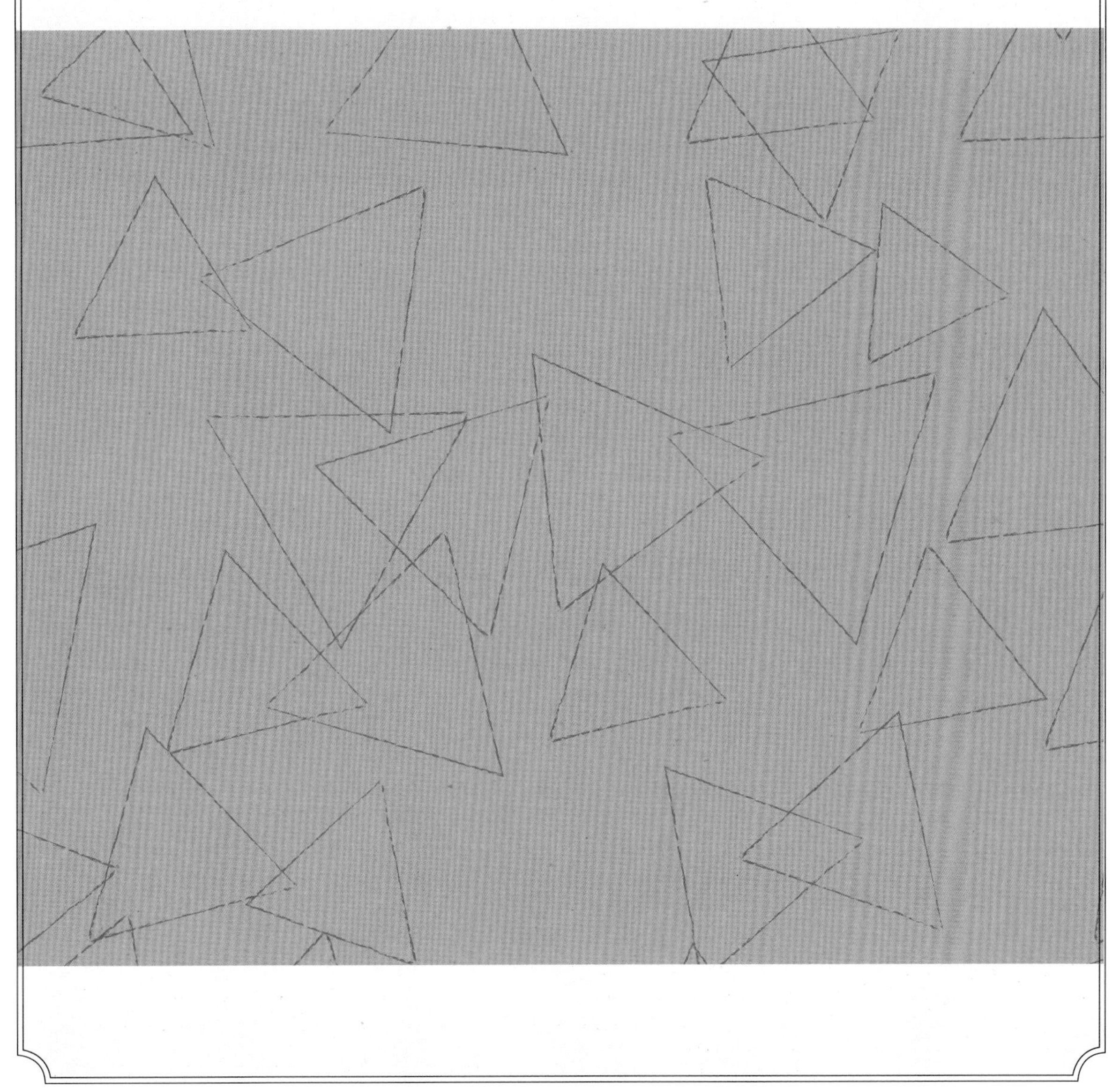

本書に登場する

【 ビリヤニスパイス事典 】

Biryani Spices

スパイスといっても、多種多様。全世界に500種類、いやもっと多くのスパイスがあるといわれています。そんな中から、本書で使用しているスパイスを紹介します。ここに出てくるスパイスはビリヤニ向きのもの。オリジナルのビリヤニマサラを作る際も、このスパイスの中から選ぶといいかもしれません。

※50音順に記載しています

アサフェティダ

Assafoetida

【学名】Ferula assafoetida
【別名】ヒング(サンスクリット語)
【科目】セリ科オオウイキョウ属・二年生草本
【原産】東南アジア、北アフリカ
【部位】根茎
【風味】鼻をつく強烈な刺激臭と苦味
【効能】けいれん、鎮静効果、気管支炎、お腹の張り

ガーリックやトリュフのような強烈な匂いが特徴で、「悪魔の糞」の異名を持つ。根茎から採れる樹脂のようなものを乾燥させたスパイスで、油と炒めることで玉ねぎのような風味とうま味が生まれる。インドでは野菜料理に使われることが多い。使いすぎると苦味が出てくるので注意が必要。

オニオン

Onion

【学名】Allium cepa
【別名】玉ねぎ
【科目】ユリ科ネギ属・多年生草本
【原産】アジア
【部位】葉、鱗茎
【風味】刺激臭と辛味、苦味、甘味
【効能】便秘、不眠、食欲不振、痛風、むくみ

生では辛味と刺激臭があるのに、加熱すると甘味が際立ってくるのが特徴。水分を多く含んでいる玉ねぎは、炒めることで脱水し味が凝縮される。この甘味を生かしたカレーは日本人に馴染み深い。ちなみに、インド人は甘味より香味重視で、玉ねぎを油で揚げるようにして香ばしくするケースも多い。

ガーリック
Garlic

【学名】Allium sativum
【別名】にんにく
【科目】ユリ科ネギ属・多年生草本
【原産】アジア
【部位】根茎
【風味】ほのかな苦味を含む強烈な香り
【効能】便秘、風邪、肥満、高血圧、動脈硬化

世界中で最もポピュラーなスパイスのひとつ。あらゆる料理に使われ、素材の風味を際立たせてくれる万能スパイス。加熱したときの独特の強い香りは、食欲増進の効果あり。また、抗菌作用、抗酸化作用を持つとも。インド・アーユルヴェーダでは若返り作用があるともいわれている。

カシア
Cassia

【学名】Cinnamomum cassia
【別名】チャイニーズシナモン、シナニッケイ
【科目】クスノキ科クスノキ属・常緑樹
【原産】アッサム地方、ミャンマー北部
【部位】樹皮、果実、葉
【風味】甘味と渋味を感じる強い香り
【効能】強壮作用、下痢、吐き気、お腹の張り

中国料理に欠かせないスパイスで、ミックススパイスの五香粉の材料として使われている。シナモンとよく似ているが別の植物。インド料理ではあまり区別されずに使われているそう。シナモンに比べると、風味はやや繊細さに欠けるが、そのぶん香りが強く価格が安いので人気が高い。

カレーリーフ
Curry leaf

【学名】Murraya koenigii
【別名】ナンヨウザンショウ（南洋山椒）、オオバゲッキツ（大葉月橘）
【科目】ミカン科ゲッキツ属・常緑樹
【原産】インド
【部位】葉
【風味】カレーを連想させる柑橘系の香り
【効能】食欲不振、発熱、滋養強壮作用

日本でも人気が出てきている注目のスパイス。南インド料理やスリランカ料理で多用され、カレーをイメージさせる柑橘系の香りが特徴。熱帯に自生する植物のため、生のカレーリーフは日本では貴重。調理時間が長いと香りが薄れるので、仕上げに加えたり、サッと加熱する料理におすすめ。

キャラウェイ
Caraway

【学名】Carum carvi
【別名】ヒメウイキョウ
【科目】セリ科キャラウェイ属・二年生草本
【原産】西アジア、ヨーロッパ
【部位】種
【風味】ほのかな苦味を含む爽快な香り
【効能】腹痛、気管支炎、口臭予防、興奮作用

クミンと見た目が似ているため、フランスでは「牧場のクミン」と呼ばれている。クミンと同じセリ科の植物で、鼻にツンとくるセリ科特有の香りが特徴。チュニジアのハリッサと呼ばれるミックススパイスやモロッコの伝統料理で活躍。クセのある香りが、料理に合わさることであとを引く味わいに。

クミン
Cumin

【学名】Cuminum cyminum
【別名】ジーラ(インド名)
【科目】セリ科クミン属・一年生草本
【原産】エジプト
【部位】種
【風味】ツンと鼻をつく力強い香り
【効能】食欲不振、肝機能障害、胃弱、下痢

4000年以上前のエジプト文明時代に薬として使われていた記述が残っているほど歴史あるスパイス。セリ科ならではのツンと香ばしい強い香りを持ち、ほのかな苦味の奥に深いふくよかな香りも感じることができる。他のスパイスを混ぜなくても香りのバランスが取りやすいのも特徴。

グリーンカルダモン
Green Cardamom

【学名】Elettaria cardamomum
【別名】ショウズク
【科目】ショウガ科ショウズク属・多年生草本
【原産】インド、スリランカ、マレー半島
【部位】種(果実)
【風味】清々しいほどさわやかな香り
【効能】下痢、頭痛、物忘れ、精力減退

「スパイスの女王」と呼ばれていて、サフラン、バニラに次いで高価なスパイスとして知られている。爽やかでありながらまろやかで、フルーティーな甘い香りもあわせ持つ。クセの強い肉料理と合わせることで、清涼感のあるすっきりとした風味を料理につけることができる。

グリーンチリ
Green Chilli

【学名】Capsicum annuum
【別名】トウガラシ、カイエンペッパー
【科目】ナス科トウガラシ属・多年生草本
【原産】南アメリカ
【部位】根、茎、果実
【風味】強く刺すような辛味と香味
【効能】食欲不振、胃弱、風邪、冷え性

チリ（唐辛子）が赤く熟す前の状態で採取したもので、フレッシュな状態でスライスしたり、細かくきざんだりして使うことが多い。強く刺すような辛味と香味は食欲不振や風邪などに効くとされている。爽やかな青みを感じる香りは、料理にすっきりとした辛味や刺激を与えてくれる。

クローブ
Clove

【学名】Syzygium aromaticum
【別名】チョウジ（丁子）
【科目】フトモモ科フトモモ属・常緑樹
【原産】インドネシア・モルッカ諸島、フィリピン南部
【部位】花（つぼみ）
【風味】甘くふくよかで奥深い香り
【効能】神経痛、関節炎、頭痛、胃弱、口臭

花が咲く前の赤く色づいたつぼみ部分を収穫し乾燥させた珍しい部位のスパイス。甘くふくよかで奥深い香りが特徴。粉状に挽くと少量でもかなり強い香りがあり、苦味も出やすいため、丸のままの状態で使うほうが風味のバランスは取りやすい。ウスターソースの主成分でもある。

コリアンダー
Coriander

【学名】Coriandrum sativum L.
【別名】コエンドロ、シャンツァイ、香菜、パクチー
【科目】セリ科コエンドロ属・一年生草本
【原産】地中海地方
【部位】種、葉、茎、根
【風味】甘くさわやかで強い香り
【効能】肝機能障害、糖尿病、二日酔い

刺激的な花のような香りを持ち、どことなく甘い香りも漂う。他のスパイスと組み合わせたときにバランスをとる役割があり、調和のスパイスとも呼ばれている。コリアンダーを多めの比率で加えることで、料理全体の風味のバランスが取れる。香りがマイルドで使いやすいところも人気の理由。

コリアンダーリーフ
Coriander leaf

【学名】Coriandrum sativum L.
【別名】コエンドロ、シャンツァイ、香菜、パクチー
【科目】セリ科コエンドロ属・一年生草本
【原産】地中海地方
【部位】葉、茎
【風味】青臭く清々しい香り
【効能】肝機能障害、風邪、胃弱

タイ語でパクチー、中国語ではシャンツァイと呼ばれている。青臭く清々しい香りは、苦手な人と好きな人が明確に分かれる傾向にあるが、一度ハマるとやめられなくなる場合も多い。タイ料理に使われるイメージが強いフレッシュスパイスだが、タイ周辺諸国やその他の国でもよく使われている。

サフラン
Saffron

【学名】Crocus sativus
【別名】番紅花
【科目】アヤメ科クロッカス属・多年生草本
【原産】地中海沿岸
【部位】めしべ
【風味】鮮やかな黄色の着色と芳しい香り
【効能】胃弱、生理不順、消化器疾患

世界で最も高価なスパイスとして有名。１万本分の花のめしべを手摘みして、サフランになるのはわずか60ｇという貴重さ。フランス料理のブイヤベース、スペイン料理のパエリアなどの香りと色味づけによく使われている。サフランが使われたスイーツには高級感が漂う。

シナモン
Cinnamon

【学名】Cinnamomum verum
【別名】ニッケイ(肉桂)、ニッキ、桂皮(けいひ)
【科目】クスノキ科ニッケイ属、常緑樹
【原産】スリランカ
【部位】樹皮
【風味】ほのかな甘味を感じる深い香り
【効能】風邪、不眠、ストレス、虚弱児

ふくよかで甘い香りが特徴のシナモン。甘味のあるものをその香りによって引き立てるのがシナモンの役割であって、味ではなく香りのスパイスともいえる。スイーツやドリンクなど甘味の強いものにシナモンがよく使われているため、私たちはシナモンの香りで甘味を想起する傾向にある。

シナモンリーフ

Cinnamon leaf

【学名】Cinnamomum cassia
【別名】ベイリーフ、チャイニーズシナモン
【科目】クスノキ科クスノキ属・常緑樹
【原産】アッサム地方、ミャンマー北部
【部位】葉
【風味】甘味と渋味を感じる強い香り
【効能】強壮作用、下痢、吐き気、お腹の張り

甘味と渋味を感じる強い香りが特徴。大き目の葉に葉脈が縦に3本通っているシナモンリーフ。ローリエと混同されることもあるが、月桂樹の葉とは別物。インド料理でよく使われていて、スタータースパイスとしてはじめに油と一緒に炒めることがよくある。ガラムマサラの主原料でもある。

ジンジャー

Ginger

【学名】Zingiber officinale
【別名】しょうが
【科目】ショウガ科ショウガ属・多年生草本
【原産】インド、中国
【部位】根
【風味】土っぽい香りとピリリとした辛味
【効能】風邪、冷え症、食欲不振、胃弱、乗り物酔い

ジンジャーの歴史は古く、インドや中国では3000年以上前から使われていたとされている。ピリリとした辛味、すっきりと清涼感のある香りが特徴。パウダー状のものもあるが、基本的には生の状態で使われることが多い。チャイやシロップ漬けなど、甘味のある飲料物との相性もいい。

スターアニス

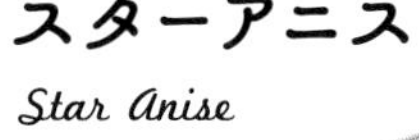

Star Anise

【学名】Illicum verum
【別名】ハッカク(八角)
【科目】モクレン科シキミ属・常緑樹
【原産】中国南部、ベトナム
【部位】果実
【風味】少しクセのある奥深い香り
【効能】口臭予防、咳止め、リューマチ

その名の通り星形をしたスパイス。別名はハッカク。アニスやフェンネル、ナツメグのようなクセのある強い香りで、強烈な個性を持っているため、薬臭い印象を持つ人も。少量でかなりのインパクトが出せるため、風味の強い肉料理と合わせるのがおすすめ。

スペアミント
Spearmint

【学名】Mentha Spicata
【別名】ガーデンミント、オランダハッカ
【科目】シソ科ハッカ属・多年生草本
【原産】地中海沿岸
【部位】花、茎、葉
【風味】やわらかい刺激と甘い香り
【効能】殺菌、防腐作用、眠気、精神疲労

レモンのようなすっきりした風味を持ち、まろやかで清涼感のある香りが人気のハーブ。ガーデンミントとも呼ばれ、気軽に自宅で育てることができるのも魅力。欧米では野菜の風味付けや肉のマリネ、ソースの材料として、中東では代表的なサラダに欠かせないものとして、世界中で親しまれている。

ターメリック
Turmeric

【学名】Curcuma longa
【別名】ウコン
【科目】ショウガ科ウコン属・多年生草本
【原産】熱帯アジア
【部位】根茎
【風味】鮮やかな黄色と土っぽい香り
【効能】肝機能障害、糖尿病、二日酔い

ターメリックはしょうがの仲間で、ほのかに香る土臭さが特徴。黄色い色味づけのスパイスというイメージも強いが、実際にはこの香りが重要で、少量でも香りの土台を作るような役割を果たしてくれる。ターメリックに含まれるクルクミン成分はがん予防にも注目されている。

ナツメグ
Nutmeg

【学名】Myristica fragrans
【別名】ニクズク
【科目】ニクズク科ニクズク属・常緑樹
【原産】東インド諸島、モルッカ諸島
【部位】種の核・実(ナツメグ)
【風味】ほのかに甘いエキゾチックな香り
【効能】胃腸炎、低血圧、食欲不振、ストレス

かつて中国やインド、アラビア、ヨーロッパなどで薬として使われていた歴史を持つ。温かみのある芳醇な香りは、ほんのりクセもあり、風味の強い肉料理などとの相性が抜群。料理に奥深い風味を与えてくれる。大量に摂取すると幻覚を見たり、眠気を催したりすることがあるともいわれている。

パプリカ
Paprika

【学名】Capsicum annuum grossum
【別名】アマアジトウガラシ(甘味唐辛子)
【科目】ナス科トウガラシ属・多年生草本
【原産】熱帯アメリカ
【部位】果実
【風味】かすかな甘味とふくよかな香味
【効能】抗がん、抗酸化、動脈硬化

パプリカはチリ（唐辛子）の一種で、ハンガリーで品種改良され辛味のないチリとして定着したもの。特にハンガリー料理には欠かせないスパイスで煮込み料理などで活躍。スペインでもスモーキーに加工されたパプリカがよく登場する。鮮やかな赤色を生かし着色料として使われることもある。

ビッグカルダモン
Big Cardamom

【学名】Amomum and Aframomum species
【別名】ブラウンカルダモン
【科目】ショウガ科・多年生草本
【原産】インド、スリランカ
【部位】種(果実)
【風味】クセの強い奥深い香り
【効能】体を温める

グリーンカルダモンとは別種で、香りもまったく異なるスパイス。体を冷やすグリーンカルダモンとは反対に、体を温める効果があるといわれている。クセが強いので、風味の強い肉料理と合わせるのがおすすめ。インドではガラムマサラというミックススパイスの主原料となっている。

フェンネル
Fennel

【学名】Foeniculum vulgare
【別名】ウイキョウ、フヌイユ(フランス)、フィノッキオ(イタリア)
【科目】セリ科ウイキョウ属・多年生草本
【原産】地中海沿岸
【部位】葉、種
【風味】心地よくさわやかな甘い香り
【効能】高血圧、胃弱、腹痛、腰痛

葉の部分は、ヨーロッパでは「フィッシュハーブ」と呼ばれるほど魚料理との相性がよく、魚の臭み消しや魚介の脂分のしつこさを適度に抑える効果がある。心地よく爽やかな甘い香りは、加熱すると弱まってしまうので、調理後半に加えるか、最後の仕上げに混ぜ合わせるのがおすすめ。

ブラックペッパー
Black Pepper

【学名】Piper nigrum
【別名】コショウ(胡椒)
【科目】コショウ科コショウ属・つる性草本
【原産】南インド・マラバール地方
【部位】果実(発酵)
【風味】さわやかで深みのある刺激的な辛味
【効能】食欲不振、糖尿病、肥満、利尿作用

世界で一番メジャーなスパイス。料理には欠かせない定番。爽やかで深みのある刺激的な辛味が特徴で、カレー粉の主原料のひとつ。昔のヨーロッパでは、金と同じ価格で取引されるほど高価なものだった。サイズが大きいものほど良質とされている。肉料理をはじめ調理法は多岐にわたる。

ホワイトペッパー
White Pepper

【学名】Piper nigrum
【別名】コショウ(胡椒)
【科目】コショウ科コショウ属・つる性草本
【原産】南インド・マラバール地方
【部位】果実(外皮をむいて乾燥)
【風味】さわやかで深みのある刺激的な辛味
【効能】食欲不振、糖尿病、肥満、利尿作用

ブラックペッパーと並ぶメジャースパイス。未熟な実の状態からさまざまな加工がされており、ブラック（発酵)、グリーン（フリーズドライ)、ホワイト（外皮をむいて乾燥）など呼び名が変わる。ソースやスープに活用されるホワイトペッパーはクセになる香りが特徴だが、使い過ぎには注意が必要。

マスタード
Mustard

【学名】Brassica nigra(ブラック)、Sinapis alba(ホワイト)
【別名】カラシ(辛子)
【科目】アブラナ科アブラナ属・一年生草本(ブラック)、アブラナ科シロガラシ属(ホワイト)
【原産】インド(ブラウン)、南ヨーロッパ(ブラック)
【部位】種
【風味】ほのかな苦味とやわらかい辛味
【効能】食欲不振、胃弱、便秘、筋肉痛

練がらし、練マスタードの原料としてもメジャーなスパイス。丸のままのマスタードシードは、あまり香りもなく、そのまま口に含んでも辛味を感じることもあまりない。基本的にはすりつぶしたり、加熱することによって香ばしい香りや苦味、辛味を抽出することができる。

メース
Mace

【学名】Myristica fragrans
【別名】ニクズク
【科目】ニクズク科ニクズク属・常緑樹
【原産】東インド諸島、モルッカ諸島
【部位】仮種皮
【風味】甘くエキゾチックな香り
【効能】胃腸炎、低血圧、食欲不振

ナツメグの外側を覆っている皮がメース。ナツメグに似た香りがベースで、そこにペッパーやクローブのような香りが加わった印象。ベシャメルソースやスフレ、クリームチーズを使ったデザートなど、まろやかで甘味のある料理やスイーツと合わせることでアクセントを添えることができる。

レッドチリ
Red Chilli

【学名】Capsicum annuum
【別名】トウガラシ、カイエンペッパー
【科目】ナス科トウガラシ属・多年生草本
【原産】南アメリカ
【部位】果実
【風味】強く刺すような辛味と香味
【効能】食欲不振、胃弱、風邪、冷え性

マイルドで野菜のように食べられるものから、軽くヒリヒリとする程度のもの、強烈な辛味があるものまで、幅広い種類がある。辛味のイメージが強いが、実際には辛味同様に香りも素晴らしいスパイス。世界中に無数の種類があり、各国の料理に個性を生かした手法で活用されている。

余ったスパイスの活用法

買い揃えたはいいけれど余ったスパイスの使い道がなくて困る、という話はよく聞きます。そんなときはスパイスドリンクを作りましょう。アルコールならウィスキー、ノンアルコールなら紅茶をオススメします。ウィスキーは、ボトルを開けてスパイスをそのまま入れて漬けてください。数日後から香りが出始めます。

ソーダで割ればひと味違ったスパイシーハイボールに。紅茶は、茶葉に湯を注ぐときにスパイスも一緒に加えましょう。より強く香らせたいときには茶葉と一緒にスパイスをグツグツと煮ます。ミルクや砂糖を加えたらチャイになります。どちらのドリンクも複数種類をバランスよく使うのがポイントです。

ビリヤニマサラを作ろう

スパイスは、単体で使うよりも複数種類を合わせることでより効果的に香りを生み出します。スパイスが持つ香りのエッセンスどうしが相乗効果を生んだり、バランスを取ったりするからです。

マサラとは、インドでは主に「混合されたもの」のことを指します。インド料理で活躍するガラムマサラが、ミックススパイスの代表例。ビリヤニマサラは、ビリヤニを作るために配合されたミックススパイスのことです。10種類から15種類ほどのスパイスが使われ、市販のものには塩が混ざったものも多くあります。

ここでは、9種類のスパイスを使ってビリヤニマサラを作るレシピを紹介。意外に思うかもしれませんが、ビリヤニマサラに欠かせないスパイスは、レッドチリ（赤唐辛子）です。辛味だけでなく、香ばしい香りに特徴があります。グリーンカルダモン、ビッグカルダモン、クローブ、シナモン、シナモンリーフ、ブラックペッパーなどは、ガラムマサラでも活躍するラインナップ。爽やかな香りを持つキャラウェイとメースは、このマサラに個性を与えてくれます。

レシピにはありませんが、さらにクミンやコリアンダー、ターメリックなどを加えるとカレーパウダーに近い配合に。それぞれの香りをチェックしながら作ってみましょう。

Original Biryani Masala

オリジナル ビリヤニマサラ

ブレンド（調合）し、ロースト（焙煎）し、パウダー状に挽く。単純なプロセスですが、自分でやったら別次元の香りが生まれます。

材料（作りやすい分量）

●ホールスパイス

・グリーンカルダモン	30粒	(6.2g)
・ブラックペッパー	大さじ1弱	(6.0g)
・シナモン	3本	(5.5g)
・レッドチリ	10本	(5.1g)
・キャラウェイ	小さじ1強	(3.5g)
・クローブ	30粒	(3.0g)
・ビッグカルダモン	4粒	(2.2g)
・メース	大4枚	(2.0g)
・シナモンリーフ	4枚	(1.5g)
	合計	35g

作り方

Start

1 鍋にスパイスを入れてほんのり煙が上がる程度まで中火で乾煎りする。火を止めて粗熱を取る。

2 ミルで挽いて鍋に戻し、粗熱を取る。

3 密閉容器に入れて冷暗所で保存する。

Finish

市販ビリヤニマサラ配合表

Biryani Masala

		1 Shan Special Bombay Biryani	7 Mehran Sindhi Biryani	10 PDR Bombay Biryani Masala	8 Mehran Bombay Biryani	2 Shan Sindhi Biryani	11 AHMED Mutton Biryani Masala	13 Radhuni Biryani Masala
1	レッドチリ	●	●	●	●	●	●	●
2	クローブ	●	●	●	●	●	●	●
3	ビッグカルダモン	●	●	●	●	●	●	
4	塩	●	●	●	●	●	●	●
5	ブラックペッパー	●	●	●	●	●	●	●
6	クミンシード	●	●	●	●	●	●	●
7	ガーリック	●	●	●	●		●	●
8	コリアンダー		●	●	●	●	●	●
9	シナモン	●	●	●	●	●		●
10	ジンジャー	●	●		●	●	●	●
11	シナモンリーフ	●			●		●	●
12	グリーンカルダモン		●	●	●		●	●
13	ターメリック	●	●	●	●	●	●	
14	ドライプラム	●	●	●	●	●	●	
15	キャラウェイ				●			●
16	フェンネル	●		●				
17	オニオン		●				●	
18	パプリカ		●			●		
19	アムチュール		●	●	●			
20	メース			●				●
21	ナツメグ			●			●	●
22	砂糖	●	●					
23	フェヌグリークシード	●						
24	ニゲラシード	●						
25	ドライパパイヤ	●				●		
26	アニスシード					●		●
27	アジョワン					●		
28	ディルシード	●						
29	メロンシード			●				
30	スターアニス							
31	トリファラ							
	使用種類	18	17	17	16	15	15	15

ビリヤニマサラの香りはさまざま。地域やクッキングスタイル、メインの具などに合わせて、選ばれるスパイスが変わります。表は各商品（P.140）の原材料表示を調べ、使われているスパイスを一覧にしたものです。左にいけばいくほどビリヤニマサラに使われるスパイスの種類は増えます。上にいけばいくほどビリヤニマサラに使用される頻度の高いスパイスです。参考にしてみてください。

9 Mehran	14 Badshah	3 Shan	4 Shan	12 AHMED	5 Shan	6 Shan	15 MDH	
Yakhni Pullao	Biryani Pulav Masala	Karachi Beef Biryani	Punjabi Yakhni Pilau	Bombay Biryani Masala	Pilau Biryani	Malay Chicken Biryani	Hyderabadi Biryani Masala	頻度
●	●	●	●	●	●	●	●	15
●	●	●	●	●	●	●	●	15
●	●	●	●	●	●	●	●	14
●	●	●	●	●	●	●		14
●	●		●	●		●	●	13
●	●		●		●	●		12
●		●	●	●	●	●		12
●	●	●	●	●	●			12
	●		●	●		●	●	11
●		●	●	●	●			11
●	●	●	●	●	●			10
●	●		●	●			●	10
		●			●	●		9
		●		●				8
●		●	●					5
●	●							4
		●		●				4
						●		3
								3
							●	3
								3
					●			3
		●						2
	●							2
								2
								2
●								2
								1
								1
	●							1
	●							1
14	14	13	13	13	11	10	7	

ビリヤニ マサラ一覧

1

Shan
Special Bombay Biryani

2

Shan
Sindhi Biryani

3

Shan
Karachi Beef Biryani

4

Shan
Punjabi Yakhni Pilau

5

Shan
Pilau Biryani

6

Shan
Malay Chicken Biryani

7

Mehran
Sindhi Biryani

8

Mehran
Bombay Biryani

9

Mehran
Yakhni Pullao

10

PDR
Bombay Biryani Masala

11

AHMED
Mutton Biryani Masala

12

AHMED
Bombay Biryani Masala

13

Radhuni
Biryani Masala

14

Badshah
Biryani Pulav Masala

15

MDH
Hyderabadi Biryani Masala

日本で食べられる

各国の
ビリヤニ名店

Biryani Shop

INDIA

インド

ハイデラバード ダム ビリヤニ *Hyderabad Dum Biryani*

御徒町の名店で知られる「アーンドラ・キッチン」。その本店が銀座にある「アーンドラ・ダイニング」だ。安くておすすめできるお店に与えられるミシュランの「ビブグルマン」を獲得したこともある有名店。ビリヤニの名所・ハイデラバードの本物の味を日本人に届けようと、毎週土日にビリヤニを提供している。ハイデラバードはビリヤニ店だらけで、日本の牛丼店のようなファストフード感覚でビリヤニが食べられているそうだ。外で手軽に食べられるのはもちろん、家庭でもビリヤニを作り、食べている。

サラディ・パラマタ氏

そう教えてくれたのはオーナーのサラディさん。

「ビリヤニではバスマティライスが一番大事。ラルキラのバスマティライスがトップレベルにおいしいです」

ラルキラはバスマティライスの中でも最高級米だ。白米として炊いただけでも香りが漂う。

ビリヤニの魅力についても話してくれた。

「すぐ出てきて早く食べられて、絶対に日本人の口に合う。絶妙に配合されたスパイスの利いたビリヤニを食べた後は、体の芯から温まります。見た目の彩りが良く、体のデトックス効果も高いのが魅力です。日本の方には騙されたと思って一度食べてみてほしいですね」

インドの三ツ星レストランで修業した料理長のヤマラ・ラーマナイアさん。

Feature

土日のランチにはビリヤニセットの他に、ビリヤニミールスも提供している。ビリヤニに馴染みのない日本人に向けたもので、ビリヤニの他にほうれん草の豆カレー、ペッパーチキンカレー、アヴィヤル、マトンフライ、チャパティなどがついてくる。

Andhra Dining GINZA ／アーンドラ・ダイニング 銀座

住所：東京都中央区銀座1-8-2 銀座プルミエビル2F　電話：03-3567-4005

営業：[月～金] 11:15～15:00(14:30LO)、17:00～23:00(22:00LO) [土日祝] 11:30～15:00(14:30LO)、17:00～22:00(21:00LO)　定休日：無休

アクセス：東京メトロ有楽町線「銀座一丁目駅」7番出口より徒歩2分、東京メトロ銀座線「京橋駅」1番出口より徒歩2分

本場南インドの味を日本に届ける

Biryani from different countries **01**

Andhra Dining GINZA

アーンドラ・ダイニングのビリヤニ作りを見せてもらおう！

料理長のラーマナイアさんに導かれ、アーンドラ・ダイニングの厨房にお邪魔しました。

まず見せてもらったのはビリヤニマサラの材料。この配合はラーマナイアさんが長年の経験から選んだスパイスです。スパイスとヨーグルト、鶏肉をマリネして数時間漬けます。

浸水したバスマティライスを、スパイスなどを入れた鍋で茹でます。このとき、油を入れるのがポイント。これによって米がくっつかず、パラパラになります。茹でた米をマリネの上にかぶせ、溶いたパプリカパウダー、ターメリックなどで彩りをつけます。最後にフライドオニオンやニラをまぶします。

米の上にアルミホイルをしき、さらに小麦粉の生地でふたを密閉します。火が鍋底全体に行き渡るようにコンロと鍋の間に鉄板をはさみます。ふたにも炭を乗せ、上下から温めていきます。

完成したビリヤニはきれいな色のグラデーションにできあがっていました。

1. 鶏肉をマサラとマリネする

2. 米をスパイスと一緒に茹でる

3. マリネの上に米をかけていく

4. フライドオニオンなどをふる

5. 小麦粉で鍋ふちを覆う

6. コンロと炭で上下から炊く

MYANMAR

ミャンマー

タンドリーチキン風炊き込みご飯（ダンパウ） *Rice cooked with tandoori chicken*

ミャンマー人が多く住む高田馬場はリトルヤンゴンとの異名もある。ミャンマー料理店も多く、「ノングインレイ」はその中でも老舗。ミャンマー版ビリヤニともいわれるダンパウは炊き込みご飯だ。鶏肉をスパイスとヨーグルトでマリネして、グレービーを作り、お米と合わせて炊くのが一般的だ。大都市ヤンゴンを中心に多くの人々に食べられている。

「ウチのお店ではタイ米を使っていますね。でも本国ではミャンマー米を使います」

オーナーのサイさんが教えてくれた。さらにギーは使わず、バターを使う。付け合わせはライタではなく、マンゴーのピクルスや唐辛子、ナンプラーの入ったドレッシングをかけたサラダなど、酸っぱい小鉢がついてくる。

ダンパウの魅力についてこう話す。

「ウチに来るミャンマー人のお客さんは半分くらいがダンパウを頼みますね。僕はシャン族なので大学に入ってヤンゴンで初めて食べました。量も多くてお腹いっぱい食べられるので、若い人はみんな大好きです」

店内には芸能人のサインが多く飾られている。

サイ・ミン・ゾウ氏

Feature

テーブルには唐辛子を揚げた油、唐辛子を漬け込んだ酢、揚げた唐辛子をきざんだもの、ナンプラーが置かれている。ミャンマー風ふりかけ「バラチャオ」は干しエビ、唐辛子、にんにく、玉ねぎを揚げて、砕いたものだ。

Nong Inlay ／ノングインレイ

住所：東京都新宿区高田馬場2-19-7 タックイレブンビル 1F　電話：03-5273-5774
営業：11:30〜23:30(L.O.23:00) ランチ(平日のみ) 11:30〜14:30(L.O.14:00)　定休日：無休
アクセス：JR山手線「高田馬場駅」早稲田口より徒歩1分、西武鉄道 新宿線「高田馬場駅」早稲田口より徒歩1分、東京メトロ東西線「高田馬場駅」2出口より、徒歩1分

リトルヤンゴンで出合う
ミャンマー版ビリヤニ

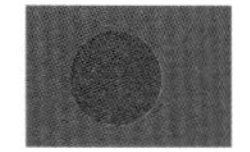

BANGLADESH

バングラデシュ

スペシャル マトン ビリヤニ *Special Mutton Biryani*

錦糸町が近年バングラデシュ化していると話題になっている。そのムーブメントの中心こそが「アジアカレーハウス」だ。

ビリヤニに使う米はバングラデシュのお米「チニグラライス」。このお米はジャポニカ米よりも短粒ではあるが、香りはバスマティライスにも引けを取らないといわれる。さらに炊くときにヨーグルトや牛乳を入れることで、独特の白っぽい色をしたビリヤニが生まれる。マイルドなスパイシーさがその魅力だ。またエッグビリヤニでなくても、スパイスで味付けしたゆで卵がつくのもうれしい。

「米と魚の国」といわれるだけに、魚のビリヤニもおいしいという。オーナーのスルタンさんが語ってくれた。

「ビリヤニのお店は多いので外でも食べるし、家でもビリヤニを作ります。ビリヤニと一緒にカレーやサラダを合わせて食べます。飲み物はインドだとラッシーを飲みますが、バングラデシュでは“ブラニ”というヨーグルトの飲み物と一緒に食べる人が多いですね」

スルタン・ティープ氏

牛乳が入っているため、グレービーは白っぽい色になる。スペシャルマトンビリヤニはカレー2種とサラダがついてくるサービスセット。

Feature

付け合わせのカレーはローストチキンカレーと卵カレー。バングラデシュのお米は短粒“チニグラライス”とさらに短粒の“カリジラライス”があり、これらは浸水させずに使うことができる。

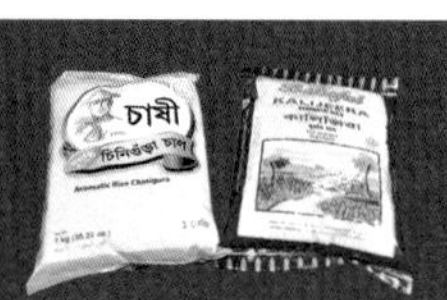

ASIA CURRY HOUSE ／アジアカレーハウス

住所：東京都墨田区江東橋3-9-24　電話：03-6240-2520
営業：[月]19:00〜翌4:00(L.O)[火〜日]11:00〜15:00 19:00〜翌4:00(L.O)
定休日：無休　※隣も系列のバングラデシュ料理店
アクセス：JR総武線「錦糸町駅」南口より徒歩4分、東京メトロ 半蔵門線「錦糸町駅」1出口より徒歩4分

スパイス香るマトンと白ビリヤニ

PAKISTAN

パキスタン

チキンビリヤニ *Chicken Biryani*

ナワブといえばパキスタン大使館の食事会でケータリングを提供している名店。そもそもパキスタンはインドにいたイスラム教徒が独立してできた国だ。それだけにビリヤニの本場といっても過言ではない。インドと並ぶバスマティライスの生産国なだけに、米はパキスタン産を使って作られる。

オーナーのカーンさんがパキスタンのビリヤニについて話してくれた。

「基本的にはパキスタンはパン食文化ですけど、ビリヤニなどのお米料理を週1、2回は食べますよ。外食でも食べるし、家でもビリヤニを作って食べます。家族が多いから大量に調理できるビリヤニがいいんですよ。私も9人兄弟だったので、昔を思い出します。母の味ですね」

パキスタンの結婚式などでは必ずビリヤニが振る舞われるという。大量調理に加え、ご飯やナンなどがつくカレーと違い、ひと皿に野菜や肉なども入ってサッと食べられるのもビリヤニの魅力だ。

「人生の最後に食べたいのはビリヤニです。あのお米の食感と香りはやみつきになります」

成塚シャキル・カーン氏

オーナーのカーンさんと料理長のアブドゥール・ラシードさん。パキスタン出身のラシードさんによる本場パキスタンの味を求めてお客さんが訪れる。

Feature

ナワブのビリヤニはもともと日本米を使っていた。しかし早い段階でバスマティライスに転換。本場のビリヤニの味を広めてきた。メニューにないビリヤニでも予約をすれば作ってもらうことが可能。

ナワブ 日本橋店

住所：東京都中央区日本橋小網町18-9　司ビル2F　電話：03-5640-0507
営業：11:00〜15:00、17:00〜23:00（LO.22:30）　定休日：元日
アクセス：東京メトロ日比谷線／都営地下鉄浅草線「人形町駅」A5徒歩3分、東京メトロ半蔵門線／銀座線「三越前駅」B6徒歩5分、東京メトロ東西線／銀座線「日本橋駅」D2徒歩7分

パキスタン大使館御用達

PAKISTAN

パキスタン

チキンビリヤーニ *Chicken Biryani*

埼玉県八潮市は別名「ヤシオスタン」とも呼ばれるパキスタン人が多く暮らす地域だ。周囲に海外輸出向けの中古車のオークション会場があったことから、中古車販売業を営むパキスタン人が移住したのがはじまり。そんな八潮の中でも近年、おいしいビリヤニが食べられると多くのメディアに取り上げられているのが「カラチの空」だ。

そのビリヤニの特徴は日本ではなかなか手に入らない「アルバハラの実」を使っていること。日本でいう梅干しのようなものでパキスタンのビリヤニにはかかせないという。

「アルバハラの実を入れるかどうかでビリヤニの味が大きく変わります。またスパイスもホールスパイスだけを使っています」

そう教えてくれたのはオーナーのジャベイドさん。スパイスもパキスタン産以外を使うと香りや味が変わってしまうので、わざわざ定期的に買い付けに行っている。さらにベースにあえてトマトを使わないことで日本人向けではなく、甘味が少なくスパイシーな現地に近いを味を目指している。

ザビット・ジャベイド氏

（左）盛りつける前のビリヤニ。この日は3回目の炊き込みが終わっていたが、すでに100食以上が出たという。（右）「アルバハラの実」。

Feature

パキスタンに買付けに行っているだけに店内ではパキスタン食材の販売も行なっている。パキスタン産の高級バスマティライスからスパイス、パキスタンのお菓子まで揃っている。またカラチの空オリジナルTシャツやライターなどのグッズも併せて販売。

カラチの空

住所：埼玉県八潮市中央1-7-11 三木ビル　電話：048-933-9888
営業：11:30～23:00（L.O22:30）　定休日：無休
席数：55席
アクセス：つくばエクスプレス「八潮駅」から徒歩20分。

埼玉のパキスタン
ヤシオスタンを代表する名店

小林真樹さんに聞きました

ビリヤニの魅力ってなんですか？

聞き手・水野仁輔

小林真樹 / Masaki Kobayashi

インド食器・調理器具の輸入販売を手掛ける「アジアハンター」代表。著書に『食べ歩くインド』(旅行人)、『日本の中のインド亜大陸食紀行』(阿佐ヶ谷書院)。

水野(以下Ⓜ) この仕事をはじめることになったきっかけは、やっぱり旅ですよね。一番最初はインドですか？

小林(以下Ⓚ) 20歳ぐらいからバックパッカー的な感じで、最初の渡航地もインドだったんですけど、それ以降、長期旅行なんかを繰り返していました。自営業で何かはじめようと思ったときに、常にインドに行けるような態勢で仕事をしたいなと思った。

Ⓜ もう30年くらいはインドに通っていると。必然的にありとあらゆる場所で食べまくっていることになりますね。小林さんはムスリム系の料理が好きなイメージがあるんですけど。

Ⓚ インド料理ってベジタリアン料理という側面もありますけど、そもそも私自身が肉が大好きなんです。

Ⓜ インドやパキスタンあたりで特にイスラム教徒が好む料理は肉が中心という気がします。

Ⓚ プラオっていう米料理が西方からインドに入ってきたのがムガル時代。いわゆるインド化したプラオがビリヤニだと思っています。

Ⓜ 帝国の偉い人に食べさせるために味わいがリッチになったとか、イスラム教徒がもともと食いしん坊で、よりおいしく味わいたいってことから派生して単品でいけるぐらいの料理になったのかもしれませんね。

Ⓚ インディカ米って呼ばれるくらいですから、インドにはそもそも米食文化がある。そうしたところにイスラム文化が融合したのがビリヤニの起源だと思うんです。

Ⓜ ビリヤニといえば肉がメインだし、比率的にも肉のボリュームは多いけれども、あくまでもやっぱりご飯を食べる料理のひとつの完成形。

Ⓚ そうですね。すごく厳選され、ビリヤニ用に品種改良なんかされているような、高級米が使われているぐらいですから。

Ⓜ 世界のあらゆる場所で米をどうやっておいしく食べようか工夫されてる中で、プラオ以上に

食べごたえを重視して改良された結果、できあがった料理。

Ⓚ　そうだと思います。それが定義的にはビリヤニなんじゃないかなと。

Ⓜ「ビリヤニを食べに行きたいんですけど、どこに行ったらいいですか？」と聞かれたら、どこをオススメしますか？

Ⓚ　そうですね。パキスタンのカラチあたりに源流的なものがあるかもしれませんね。ビリヤニはそもそもムガル時代にインドで発展したものだと思いますけれども、今、実際の大衆食堂なんかで食べられてるビリヤニと、ムガル時代に食べられていたビリヤニが果たしてリンクしているか不明なんです。実はそれほど関係なかったりするのかもしれない。ただかつてのデリー文化っていうのは、実は今のデリーでは割と薄まっちゃっている。かつてデリーに住んでいたムスリムは、インドから分離独立したパキスタンのカラチあたりに移住しているケースが多いんです。

Ⓜ　すなわちオールドデリーよりもカラチのほうが当時のニュアンスを残すビリヤニがあるかもしれない。

Ⓚ　分離したがゆえに、逆にそこで純粋培養じゃないけども、保存されている部分もありそうですよね。

Ⓜ　だから「パキスタンのビリヤニとインドのビリヤニで何が違うんですか？」と聞かれても難しい。国境線って、食文化が形成された後から引かれていたりしますからね。カラチ以外はどうでしょうか？

Ⓚ　インド国内でいうとラクナウ。ラクナウもムガル時代にムガル文化が花開いていった場所ですから。『イドレスビリヤニ』という専門店が本当においしかった。

Ⓜ　ラクナウでまず隆盛して、それがオールドデリーでも食べられるようになったっていう説もありますね。

Ⓚ　そうですね。結局、デリーって首都なので分離独立の際に色んな、特にパンジャーブから移民がドーッと押し寄せてきたりして、そういったこともあって、かつてのデリーにあった本当の食文化は多様化したり薄まったりしているところがあります。

雰囲気も含めて食べられるような体験

Ⓜ　ラクナウは確かに、僕も１回だけ訪れましたけど独特な空気のある大都市ですね。あそこでしか食べられないムスリム料理がいっぱいあるなと感じました。ラクナウからオールドデリー、もしくはカラチあたりのビリヤニというのは、味わいがリッチだという点が特徴でしょうか。

Ⓚ　ラクナウからハイデラバードに飛んで、２日間で２ヵ所のビリヤニを食べ比べみたいなことをしたことがあります。全然違いますね。作り方はもちろんですが、ハイデラバードで流行っているビリヤニ店のオーナーさんって、外から移り住んできた人が多い印象ですね。かつてハイデラバードもムガル系のイスラム教徒の王国がありましたので、そういった昔のイスラム文化のなんとなくイメージを踏襲するような形で商売をしている。その結果が現在のハイデラバーディ・ビリヤニに繋がったんじゃないのかな。有名店『パラダイス』のオーナーもハイデラバード出身ではないんですよ。

Ⓜ　ビリヤニの魅力を彼らなりに解釈して、新しいものを生み出した。

Ⓚ　ハイデラバーディ・ビリヤニの特徴としてカッチ・ビリヤニっていう生肉からマリネして炊き込んでいくという作り方がありますが、実はそういう作り方ってもともとはそれほどポピュラーじゃなかったと聞いたことがあります。いくつかあるビリヤニ製法の内のひとつとして文献に残っているんだけれども、あまりにも特殊な作り方をするのが、逆に珍しくて、ある種、キャッチーだった。

Ⓜ　ウケたってことですよね、おそらく。

Ⓚ そう。それでいつの間にか、カッチがハイデラバードを代表するような作り方というような紹介のされ方をして今に至るのかもしれない。インドの外食料理そのものが、一般的な庶民食や生活、食文化と乖離した創作料理だったりします。

Ⓜ 現地の人は柔軟なところもありますよね。たとえばインドにはもともとカレーっていう概念はないんだけど、商売上、通りがいいなら「別にカレーってことでいいよ」みたいな。

Ⓚ 最初のうちは、それでお金を稼がなきゃいけないので、自分の主張とか整合性、正論よりもある程度客が好むことを優先してメニュー化する。やがて客が入り、商売として安定してくると、そのメニューに裏付けみたいなものがほしくなる。そこで歴史的な根拠や繋がりを後づけしたりする場合もあります。そういうことの積み重ねが、今のインド料理の現状なんじゃないかな。

Ⓜ これからも目まぐるしく変わっていくんでしょうね。他の地域で体験したビリヤニはありますか？

Ⓚ ケララのマラバール地方にも独特なビリヤニがありますね。ビリヤニって長粒米を使う料理って一般認識されていますけど、南インドは、あまり長い米を食べる食文化がない。だから南で食べるビリヤニは、短い米のビリヤニなんですよ。それが非常に面白くて、そもそもそれはビリヤニと呼んでいいのかどうかすらもわからないですけども。

Ⓜ ベンガル地方あたりのビリヤニはどうでしょうか？

Ⓚ コルカタ（旧カルカッタ）はムガル時代は割と重要視されていた場所です。かつてインドの首都だったということもあって、人間がたくさんいたから色々な商売が集まる。ベンガル地方って稲作が盛んで米食文化ですしね。バングラデシュでは小さなチニグラという香り米を使ったビリヤニがおいしいですね。ダッカ市内にある老舗の有名店『ハッジビリヤニ』はすごくおいしかった。

Ⓜ 専門店で食べるのがおいしいですよね。

Ⓚ そうですね。大鍋で作りますから、道具や設備も大がかりになる。家庭的な料理とは対極にあるのかもしれません。一般庶民はレストランがまだ発達していない時代に、婚礼だとかハレの日に接する料理だったんでしょうね。今でもイスラム系の祭りのシーズンになると、露天で石をかき集めて、カマドにして、その中に薪を入れて、鍋は巨大なデーグと呼ばれる寸胴のような鍋で大量調理していますね。

Ⓜ ところで、ビリヤニの語源ってなんでしょうか？

Ⓚ 語源的にはペルシアの影響があるといわれています。アラブのほうから陸路でイスラム食文化が来た部分もあるんですけど、海上貿易も太古から盛んで、デリーなんかがイスラム化するもっと前にケララがイスラム化していたりもします。南インドのビリヤニはそういう影響を受けているんじゃないのかな。

Ⓜ ラクナウよりも先に南インドにビリヤニが生まれていた可能性もなくはない。

Ⓚ そうなんですよ。ビリヤニという名前ではなかったかもしれませんが。

Ⓜ 侵略や貿易、布教などさまざまな目的で外の食文化との接触があったから、ビリヤニが誕生するのにはさまざまな側面がありそうですね。今インドで、一番ビリヤニを食べに行きたい場所はどこですか？

Ⓚ ラクナウかな。

Ⓜ 僕もラクナウに行きたいです。

Ⓚ ただ単にビリヤニだけ味わうってだけでなく、街を歩いてバザールへ行って、人をかき分けながら、雰囲気も含めて食べられるような体験がいいですよね。

Ⓜ 食べるっていう時間の前後にそういう時間がありますから、やっぱり旅して現地で食べるという体験は格別ですね。

Tableware

アジアハンターの食器いろいろ

まずインド食器を代表するものとして、お盆のような「タール」と呼ばれる大皿があります。インド料理店などでよく目にするものです。ビリヤニなどを盛りつけたタールの上でライタなどの入った小さな器が「カトリ」と呼ばれるものです。主にサラダやカレーなどを入れておきます。そしてインドの大衆食堂でよく目にする楕円形の皿は「オーバルプレート」と呼ばれます。これひとつでビリヤニからカレーまでなんでも入ります。壺形の「ハンディ」はインド人が古くから伝統的に好んできた食器です。

ビリヤニセット
Biryani Set

ビリヤニのセットはスパイスの調合などもそれぞれのキットで大きく異なります。まずはビリヤニマサラの調合を確認して、自分好みのビリヤニ作りへのヒントにしてみてはいかがでしょうか。

「三条スパイス研究所」
ビリヤニクックキット

2人分・¥1620（税込）

東京・押上の名店「スパイスカフェ」が監修する新潟県三条市の食堂「三条スパイス研究所」。スパイスの他に切り干し野菜やドライフルーツ、三条産ターメリックなども調合している。バスマティライスもついている。

「ジョニーのビリヤニ」
チキンビリヤニ

1人分・¥1100（税込）

金沢のビリヤニ専門店「ジョニーのビリヤニ」の冷凍ビリヤニ。解凍するだけでお店の味が家庭で味わえる。中でもチキンビリヤニは店主・ジョニーさんが長年改良を続け、トマトのコクと肉のうま味を感じられる一皿となっている。

「日本ビリヤニ協会」
**NBAビリヤニ
スパイスミックス**
（ビリヤニマサラ）

4人分×2・¥400（税込）

本書でも登場する大澤孝将氏が創始した日本ビリヤニ協会より、現会長のビリヤニ太郎氏が調合したビリヤニマサラ。付属のレシピを参考に材料を揃えて作ることができる。バスマティライスはなく、マサラのみ。

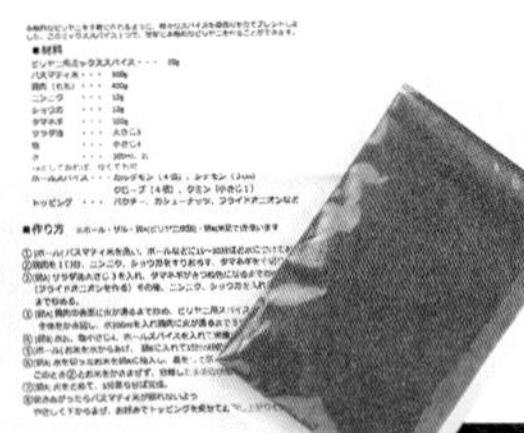
～ビリヤニ用ミックススパイス～

「日本ビリヤニ協会」
ビリヤニキット
（シンディー・ビリヤニの素
+バスマティ米）

3人分・¥900（税込）

鶏肉などを準備し、ビリヤニの素を炊飯器に入れて付属のバスマティライスと一緒に炊き込むだけのビリヤニキット。じゃがいもが入ったパキスタン・シンド州で食されるシンディービリヤニが味わえる。

「アナン」
**炊飯器で作る
チキンビリヤニブック**

2合分・¥808（税込）

老舗スパイスショップ「アナン」より20種類のスパイスを使ったビリヤニキット。炊飯器で手軽に作ることができる。バスマティライスは付属せず、マサラのみ。米の浸水時間を除いて、調理時間は10分ほど。

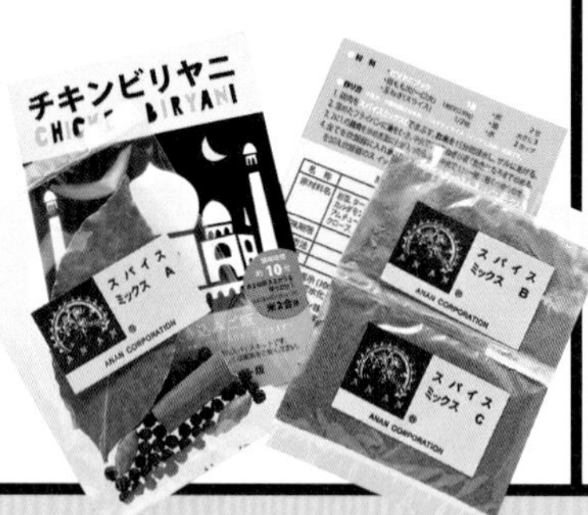

ビリヤニセット・レトルトカレーを使って

気軽にビリヤニを作ろう！

レトルトカレー
Retort-pouch Curry

レトルトカレーはビリヤニのグレービーの代わりに使うことができます。レトルトカレーを炊飯器または鍋にしき、そこに浸水したバスマティライスをかぶせて炊飯器なら早炊き、鍋なら弱火でじっくり炊き込めば手軽にビリヤニが作れます。基本的に小麦粉不使用のレトルトカレーであれば、どれでも作ることができます。

「スペーススパイス」

和魂印才たんどーる:
鶏肉の山椒ココナッツカレー

180g × 2・¥1300(税込)

東京・初台スパイス食堂「和魂印才たんどーる」の名物メニュー。ココナッツの甘味と山椒のさわやかな辛味が特徴。

「スペーススパイス」

南インド料理 葉菜〜hana〜:
ほうれん草とごぼうのセサミチキン

180g × 2・¥1300(税込)

千葉・勝田台の南インド料理店「葉菜〜 hana 〜」の味を再現。ほうれん草とごぼう、ゴマの濃厚な野菜のうま味が味わえる。

「スペーススパイス」

ヘンドリクス:ポークビンダルー

210 g × 2・¥1520(税込)

東京・神宮前「ヘンドリクス」の味をレトルト化。粗挽きのスパイスのガツンとした香りとスパイシーさが食欲をそそる。

「エスビー食品株式会社」

SPICE LOVERS
スパイスチキンカレー 中辛

180g・¥324(税込)

「東京カリ〜番長」監修のスパイスカレーシリーズ。カルダモンやコリアンダーの芳醇な香りが際立つ一品。

バスマティライスやスパイスを買うには？

インド食材やイスラム系食材は専門店で買うのが一番！　やはり現物を見て買ったほうが、香りや鮮度がわかるので失敗が少ないです。

都内ならアジア系食材店が点在している新大久保、上野アメ横「大津屋」、蔵前や西葛西にある「アンビカベジ＆ヴィーガンショップ」、目黒「マヤバザール」がおすすめ。しかし、時間や距離の関係で専門店に行けない場合はネットショップを使いましょう。おすすめのネットショップを一覧にしました。

- マヤバザール (https://www.mayabazaar.net)
- 大津屋 (https://www.rakuten.co.jp/uenoohtsuya)
- アンビカ (https://www.ambikajapan.com/jp)
- インターネットオブスパイス (https://internetofspice.com)
- スピンフーズ (http://www.spinfoods.net)
- スペーススパイス (https://spacespice.stores.jp)

水野仁輔

毎月届くレシピ付きスパイスセットを販売する「AIR SPICE」代表。カレーに特化した出張料理集団「東京カリ～番長」を立ち上げて以降、全国各地を訪れてライブクッキングを実施。著書は『スパイスの教科書』(パイインターナショナル)、『カレーの教科書』(NHK出版)など50冊以上。世界中を訪れ、カレーやスパイスを探求している。

編集・執筆　光元志佳　中澤雄介　吉岡 翔(オフィスJB)　須藤美樹子

デザイン　小田原宏樹

撮影　松永卓也(朝日新聞出版)

校正　株式会社 ヴェリタ　溝川 歩

撮影協力　UTUWA

制作協力　渡辺 玲　大澤孝将　曽我部智史　稲田俊輔　小林真樹
アーンドラ・ダイニング　ノングインレイ
アジアカレーハウス　ナワブ　カラチの空
三条スパイス研究所　ジョニーのビリヤニ　日本ビリヤニ協会
アナン　スペーススパイス　エスビー食品株式会社　マヤバザール
大津屋　アンビカ　スピンフーズ

協力　横田 聡　久々湊有希子　金馬愛美

ビリヤニ　とびきり美味(おい)しいスパイスご飯(はん)を作(つく)る!

監　修　水野仁輔

編　者　朝日新聞出版

発行者　三宮博信

発行所　朝日新聞出版
〒104-8011　東京都中央区築地 5-3-2
電話 03-5541-8832(編集)
03-5540-7793(販売)

印刷製本　大日本印刷株式会社

ISBN　978-4-02-334009-1